Erzählung  Klaus Wernher

Masurisch-Kauderwelsch

oder

Deutsch-Polnische-Verknüpfungen

Personen und Orte sind anonymisiert. Ähnlichkeiten mit existierenden Personen wären rein zufällig. Handlungen sind echt.

Über den Autor:

Der Autor wurde 1941 in der masurischen Kreisstadt Sensburg geboren. Er besuchte polnische Schulen und war im elterlichen Bauernhof bis zur Übersiedlung 1963 in die Bundesrepublik Deutschland tätig. Sein Interesse ist auf Heimatgeschichte und Ahnenforschung gerichtet. Er liest gern und ist literarisch tätig. Sein erster Dokumentarroman mit dem Titel „Operation Waldemar" erschien 2020.

2. Überarbeitete Ausgabe

Meinen Nachkommen und masureninteressierten Ahnenforschern gewidmet.

Einband: Eigenfoto, Motiv Lucknainer See (Schwanensee) b. Nikolaiken

Vorwort

Vor dem gedanklichen Hintergrund, meinen Enkeln ein Andenken zu hinterlassen, ist es mir ein Bedürfnis über Masuren aus der Zeit zwischen 1945 und 1965, das nach dem Zweiten Weltkrieg Polen zugesprochen wurde, zu schreiben. Dort bin ich 1941 geboren und habe dort meine Kindheit und Jugend verbracht. In meine Erzählungen lasse ich meine Erinnerungen sowie Erzählungen meiner Eltern und Großeltern einfließen. Ein weiteres wichtiges Anliegen war mir, die Zeit nach dem Zweiten Weltkrieg, als wir unter polnischer Herrschaft lebten, ein wenig zu beleuchten. Stark tendenzielle Darstellungen in anderen Ausarbeitungen, insbesondere der Vertriebenenverbände, über die Behandlung der masurischen Bevölkerung durch Polen nach 1945 bemühe ich mich etwas zu relativieren. Mein Beitrag erhebt keinen Anspruch auf historische Wahrheit, sondern beruht auf dem persönlich Erlebten. Wen die Geschichte Masurens wirklich interessiert, dem kann ich nur das historische Geschichtspanorama - *MASUREN Ostpreußens vergessener Süden* - von Andreas Kossert sehr empfehlen. Mir war es wichtig, dass sich der Leser aus meiner Schilderung des alltäglichen Lebens in Masuren nach Ende des Zweiten Weltkrieges bis Mitte der 6oer Jahre seine eigene Meinung bildet. Nach meiner Überzeugung war nicht so viel Arges geschehen, wie oft berichtet wurde.

Ich habe die Polen ganz anders erlebt und möchte hierzu meinen Beitrag leisten. Nach einem dreiviertel Jahrhundert ist es an der Zeit zu verzeihen und den Polen die Stellung einzuräumen, die sie wirklich verdienen. Ich habe die Polen im Kern als herzliche, hilfsbereite und gastfreundliche Menschen erlebt. Ausschreitungen, die es in der Tat gegeben hatte, sind bedauerlich, aber auch verzeihlich. Von deutscher Seite wurde während des Zeiten Weltkrieges den Polen ein Vielfaches an Leid angetan, demgegenüber war die Rache der Polen an der masurischen Bevölkerung verschwindend gering und die ging in erster Linie auf das Konto der kommunistisch orientierten Regierung. Eine Vertreibung, wie in manchen Schriften der Landsmannschaft Ostpreußen berichtet wird, hatte es zumindest im Kreis Sensburg so nicht gegeben. Im angrenzenden Kreis Johannisburg hatte die neue polnische Regierung damit begonnen, aber nach wenigen Wochen die Aktion wieder eingestellt. Von einer totalen Zwangsaussiedlung kann in Masuren nicht die Rede sein. Natürlich leiden die Vertriebenen unter dem Verlust ihrer deutschen Heimat, daran besteht kein Zweifel, wenngleich auch niemand mehr daran denkt, in die angestammte Heimat zurückzukehren. Die Vertriebenen sind längst durch ihre Kinder und Kindeskinder in der Bundesrepublik Deutschland verwurzelt und ihr Zuhause ist dort, wo ihre Kinder und Enkelkinder leben. Die Heimat aber ist dort, wo man aufgewachsen ist, wo einem alles vertraut war; jeder Baum, jeder Busch und jeder Stein am Wegesrand. Die Heimat trägt man im Herzen, und das kann einem niemand wegnehmen. Die Erinnerungen an die Flora und Fauna - an die Lerche, die sich trillernd und flatternd senkrecht in den Himmel schraubte; an den Kuckuck, der von Mai bis Johanni rief; die Störche, die auf den Dächern klapperten, um ihre Jungen zu füttern; oder wenn die Nachtigall ihre Weise in der Abenddämmerung oder noch vor Sonnenaufgang in einem Gebüsch schlug, sind auch heute noch in mir sehr wach und erfüllen mich manchmal mit Wehmut. Sie werden mich bis ins Grab begleiten und mir ihre Schönheit suggerieren. Eine Rückkehr in die alte Heimat scheint mir ausgeschlossen. Das Alter schreitet unaufhaltsam voran und trägt seinen Teil dazu bei. Durch die Europäische Union ist allerdings die alte Heimat ein Stück zurückgekehrt. Man kann sie besuchen, doch findet man dort nur die vertraute Landschaft, wo kaum ein alteingesessener Masure zu finden ist, was dem *Heimkehrer* ein fremdartiges Gefühl vermittelt.

In der Regel versucht jeder Mensch, sein Leben nach seiner Vorstellung auszurichten. Dabei spielen Umstände, Wesensart, Begabung, das materielle sowie soziale Umfeld eine wesentliche Rolle. Dem Einen gelingt es daher recht gut, sein Leben in geordnete Bahnen zu lenken, dem Anderen jedoch weniger. Was die geordneten Bahnen betrifft, muss jeder für sich selbst eine Entscheidung treffen. Mein beruflicher Werdegang war von vornherein auf das Bauerntum ausgerichtet, und ich sah meinem

Beruf zuversichtlich entgegen. Es bereitete mir viel Freude, den Acker zu bearbeiten und daraus Früchte zu ernten. Zu einem bestimmten Zeitpunkt sannen meine Eltern, den Hof meiner Großmutter zu verlassen und stellten einen Ausreiseantrag in die Bundesrepublik Deutschland. Das war damals im kommunistischen Polen zwingend notwendig, weil eine Reise in die sogenannten kapitalistischen Staaten von den Machthabern genehmigt werden musste. Kurzum, die Ausreise wurde nach mehrmaligen Anträgen genehmigt; sehr wahrscheinlich hatte mein Vater entsprechende polnische Beamte „geschmiert". Also kam ich mit fast 22 Jahren nach Deutschland und musste mein Leben neu ausrichten, was unter gegebenen Umständen äußerst schwierig schien. Es war ein Leben voller Anstrengung, Mühe und manchmal auch Verzweiflung und Resignation, welches sich schließlich fügte, so dass ich am Ende sagen darf, es war ein erfülltes Leben. Allerdings brauchte ich Jahre, um das zu erkennen. Der erste Schritt dazu war die Geburt meiner Kinder, ihr Aufwachsen, ihre Bildung und ihr Eintritt in das berufliche Leben, was sie mit Bravur gemeistert haben. Der krönende Abschluss aber sind meine vier Enkelkinder.

Zur Erinnerung

Die Konferenzen der Siegermächte von Jalta vom 4. bis 11. Februar und Potsdam vom 17. Juli bis 2. August 1945 hatten die Nachkriegsgrenzen Deutschlands neu festgelegt. Als Resultat des verlorenen, verbrecherischen Krieges wurden die ostwärts der Oder liegenden deutschen Gebiete Polen zugesprochen. Ostpreußen wurde geteilt, den Süden bekam Polen, den Norden - weil Zugang zur Ostsee - die damalige Sowjetunion. Gleichzeitig wurde beschlossen, die dort bis Ende des Krieges verbliebene deutsche Bevölkerung auszusiedeln, was allerdings nur zum Teil realisiert wurde. Die Siegermächte sollen dabei zwei Ziele verfolgt haben: Erstens die Sicherstellung der neuen europäischen Ordnung, Zweitens sei die Aussiedlung aus diesem Territorium eine Entschädigung Polens für die Verbrechen, die von Deutschen am polnischen Volk verübt worden waren. Dies geschah nicht zuletzt vor dem Hintergrund einer Entschädigung Polens für die Gebiete, die die Sowjetunion nach der vierten Teilung Polens 1939 behalten hatte. Die dort ansässige polnische Bevölkerung, die in der Sowjetunion nicht verbleiben wollte, musste umgesiedelt werden, und unter diesen Umständen bot sich für diese Menschen Unterbringungsraum in den ehemaligen deutschen Gebieten Ost- und Westpreußens, Schlesiens und Pommerns. Aufgrund dieser Fakten, die die Deutschen als Initiatoren des Zweiten Weltkrieges geschaffen hatten, waren die ehemaligen deutschen Ostgebiete unwiederbringlich verloren. Dies wurde mit dem Vertrag der Bundesrepublik Deutschland und der Volksrepublik Polen über die Bestätigung der zwischen ihnen bestehenden Grenze vom 14. November 1990 manifestiert.

Teil I

Mein Zuhause

Mein Heimatdorf *Kulikhausen* liegt am Ostrand des Kreises Sensburg/*Mrągowo* und grenzt an den Kreis Johannisburg/*Pisz*. Eine wahre Idylle am Rande der Johannisburger Heide mit ca. 250 Einwohnern. Ein fast vergessener Ort, wo weder elektrischer Strom noch eine geteerte Straße zu finden waren. Wahrscheinlich hatte das maßgeblich dazu beigetragen, dass das Dorf bis Ende der fünfziger Jahre homogen geblieben war. Die Polen, die zu deutschen Zeiten hier als Zwangsarbeiter eingesetzt waren, blieben einfach da, sie gehörten ja zur „Familie". Dorthin, wo sich die Füchse gute Nacht sagen, mochte anscheinend niemand freiwillig. Und das war auch gut so, denn man blieb unter sich, fühlte sich weniger bespitzelt, machte sich mehr oder weniger seine eigenen Gesetze. Noch einsamer aber war mein wirkliches Zuhause gelegen, ein Abbau gut einen Kilometer vom Ortskern entfernt und unmittelbar an der Grenze zum Kreis Johannisburg/*Pisz*. Hier befanden sich drei Bauernhöfe auf einem *Restgut*, namens Neuhof, das Anfang der 1930er Jahre zersiedelt wurde, darunter der Hof meiner Großmutter. Hier war man aufeinander angewiesen, dennoch gab es Neid und Zwist. Und hier war man im wahrsten Sinne des Wortes *von Gut und Böse* abgeschirmt. Neuhof liegt in südwestlicher bis östlicher Himmelsrichtung in der

Nachbarschaft mit den Gütern *Budnik* und *Kempa*, die zum staatlichen Agrarunternehmen mit der Bezeichnung PGR zusammengelegt worden waren. Unser *Neuhof* war einzigartig in sanfte Hügel eingefügt, es fehlte nur noch ein See. Dafür gab es aber einen kleinen Teich, der zu unserem Grundstück gehörte und den ein mehrere Kilometer langer Bach durchfloss. Dicke Weiden säumten den Weiher, die seine scheinbare Bedeutung besser zum Ausdruck brachten. Wie auf dem Lande in Masuren üblich, war unser Wohnhaus von einem Vorgarten und einem Hintergarten umgeben. Ein ähnliches Bild vermittelten auch die Anwesen der anderen beiden Nachbarn. Am Ende des Zufahrtsweges zu unserem Wohnhaus und zum unmittelbaren Nachbar stand genau auf der Grundstücksgrenze ein Brunnen mit einer Schwengelpumpe, es war die Trinkwasserversorgung für beide Höfe.

Aus unserem Küchenfenster konnte ich oft die aufgehende Sonne beobachten, die sich über dem Gutshaus *Kempa* auf ihre Tageswanderung anschickte. Dahinter rundete der Drosdower Forst das Ostpanorama ab. In diesem Wald, einem Teil der Johannisburger Heide, sammelten wir in den Sommermonaten stundenlang Maiglöckchen, Beeren und Pilze. Die Maiglöckchen waren für den Verkauf an die Pharmazieindustrie bestimmt, das Essbare zum eigenen Verzehr. In unseren Gärten standen viele Obstbäume und Beerensträucher, deren Obst uns übers Jahr hinaus versorgte und sogar noch verkauft wurde. Den Vorgarten zierten verschiedene Blumen.

Erste Siedlungshinweise in Masuren

Ein Hinweis auf menschliches Leben aus der Steinzeit war der Fund einer Steinaxt 1938 beim Kartoffelgraben in meinem Heimatdorf *Kulikhausen*. Experten des *Prussia-Museums Königsberg* hatten diesen Fund der Steinzeit zugeordnet. 1933 sollte im Rahmen der Arbeitsbeschaffung eine Steinchaussee zwischen Arys/*Orzysz* und Nikolaiken/*Mikołajki* gebaut werden. Bei der Realisierung dieses Vorhabens fand man bei Aushebearbeiten im Lucknainer Forst, zwischen Zollerndorf/*Dziubiele* und Lucknainen/*Łuknajno*, einen Hügel mit Urnen. Experten desselben Museums ermittelten, dass es sich um Gräber aus der Gotenzeit, also zwischen 200 und 400 n.Chr. handeln könnte. In der Gemeinde Schmitzdorf/*Szymonka* wurden um die Jahrhundertwende 19/20 Überreste eines Pfahlhauses aus dem 11. Jahrhundert gefunden. Um das Jahr 1000 versuchten die benachbarten Polen vergebens, unseren Vorfahren, den Preußen, das Christentum beizubringen. Auch Feuer und Schwert nützten nichts. Ständige Einfälle unserer galindischen und sudauischen Vorfahren im angrenzenden Polen waren Anlass genug, den Deutschen Orden zur Hilfe zu rufen, der sich nicht lange betteln ließ, sich hier breit machte und ein strenges Regiment mit dem Schwert walten ließ. Wie manche Historiker berichten, sollen sich diese Kämpfe über zwei Jahrhunderten gezogen haben, bis schließlich der in frühen Jahrhunderten volkreiche galindische Grenzgau völlig verödet war.

Meine alte Heimat Masuren in Ostpreußen

Der Kreis Sensburg/*Mrągowo* liegt im nördlichen Teil von Masuren. Eine Seenkette und weite Wälder sind für diese Provinz charakteristisch. Manche Quellen sprechen von 3.000 Seen, die es in Masuren geben soll. Wälder, Kuppen und Hügel, flache Senken und Moore wechseln einander ab, was diese Landschaft so reizvoll erscheinen lässt. Fast ein Viertel der Gesamtfläche des Kreises ist mit Wald bedeckt. Die Stadt Sensburg, meine Geburtsstadt, liegt zwischen drei Seen. Sie wurde 1397 vom Ritterorden gegründet. In der zweiten Hälfte des 15. Jahrhunderts soll nach Masuren eine zweite Welle der Zuwanderung eines slawischen Stammes aus Masovien stattgefunden haben. Die Erste soll bereits im 14 Jahrhundert erfolgt sein, was historisch belegt ist. Neben den eingeborenen Prußen (*auch Balten genannt*) und deutschen Zuwandern waren die Slawen die drittstärkste Volksgruppe. Auf diese Weise habe sich im Südteil Ostpreußens, nämlich in Masuren, die masurische Sprache manifestiert. Mitte des 17. Jahrhunderts raffte die Pest viele Bewohner dahin. Im Siebenjährigen Krieg und beim Napoleonfeldzug wurde die Stadt massiv belagert. Als zwischen 1897 und 1911 die Eisenbahnstrecken nach Rastenburg, Bischofsburg, Johannisburg und Arys fertiggestellt wurden, wurde Sensburg zum Eisenbahnknotenpunkt in der Region. Im Ersten Weltkrieg hatten russische Truppen die ländlichen Ortschaften des Kreises zerstört, die Stadt selbst wurde weniger zerstört. 1939

14

zählte Sensburg 8.757 Einwohner; heute sind es über 30.000. Am 29. Januar 1945 wurde die Stadt von der Sowjetischen Armee eingenommen. 45 % der Stadt wurden zerstört. Landesweit wurden Bewohner erschossen oder verschleppt. Unter den Verschleppten befand sich auch meine Tante väterlicherseits, die in Russland verstarb und einen sechsjährigen Sohn, meinen Cousin, in *Kulikhausen* zurücklassen musste. Das gleiche Schicksal erlitten auch andere Familien im Umland. Diejenigen, die die Verschleppung überlebt hatten, wurden nach ihrer Freilassung aus der Zwangsarbeit nach Westdeutschland entlassen. Niemand von ihnen kehrte nach Ostpreußen zurück.

Hauptsitz des Deutschen Ritterordens in Marienburg, heute Malbork an der Nogat (Eigenfoto)

Masuren, ein preußisches Land mit polnischem Charakter?

Vom *Deutschen Ritterorden* einst besetzt, aber dennoch polnisch? Wohl kaum. Mit Sicherheit aber multinational: Balten, Slawen (Litauer, Russen, Polen) und Germanen. Aus all diesen Stämmen entstand der Ostpreuße. Der Masure aber hat mit an Sicherheit grenzender Wahrscheinlichkeit seine Hauptwurzeln in der polnischen Provinz Kurpien. Die Kurpien bilden innerhalb des nordöstlichen Polen ein fremdartiges, sich von den Nachbarn scharf abhebendes Einsprengsel. Auch zeigen sie starke Gemeinsamkeiten mit dem angrenzenden Masuren. Die kurpische Mundart steht der masurischen sehr nahe. Auch die größeren regelmäßigen Grundrisse zahlreicher Kurpischer Dörfer ähneln den benachbarten masurischen Formen. Die Geschichte schreibt, dass in der zweiten Hälfte des 14. Jahrhunderts in den südlichen Teil Ostpreußens, der verwildert war, *Masovier* kamen; ein polnischer Stamm aus dem angrenzenden Polen. In der zweiten Hälfte des 17. und 18. Jahrhunderts soll von Masuren aus die bäuerliche Besiedelung um Myszyniec und Mława erfolgt sein. Aus der Vermischung der alteingesessenen Bienenzüchter und der bäuerlichen Zuwanderer aus Masuren soll der Stamm der Kurpien entstanden sein. Polnische Geschichtsforscher folgern daraus, dass an der Besiedelung dieser grünen Wildnis ostpreußische Masuren maßgeblich beteiligt waren. Ihre Thesen stützen sie auf geschichtliche Belege: Die Kurpien seien zuerst teilweise evangelisch

17

gewesen. Deshalb errichtete der Jesuitenorden Mitte des 17. Jahrhunderts eine Mission in Myszyniec, in dessen Mittelpunkt das kurpische Gebiet stand, mit dem Ziel, Einwirkungen der evangelischen Geistlichen von Masuren her entgegenzuwirken. Diese können sich nur auf die Weiterbetreuung der nach Polen zurückgekehrten Evangelischen gerichtet haben, um jene zu rekatholisieren. Die Entstehung des Kurpientums sei eine Umkehr der masovischen Wanderungsrichtung im 17. und 18. Jahrhundert aus Ostpreußen zurück nach Polen. Dies entspreche dem allgemeinen Wechsel der Wanderungsgefälle. Aber die Masuren kamen nicht als die gleichen zurück, als die, die vor zwei Jahrhundert Jahren von hier ausgezogen waren. Sie hatten deutsche Kulturformen angenommen und waren zu Bauern geworden. Die Bezeichnung Kurp ist übrigens abfällig gemeint und bedeutet Bastschuhträger [1].

Ich meine, dass an der These der polnischen Historiker viel Wahres ist. Der beste Beweis hierfür ist die Mundart, die sowohl der Kurp als auch der Masure mit einigen Abweichungen spricht oder sprach. Sprachwissenschaftler haben stets diese Fakten als Beweise für ihre Forschungsergebnisse herangezogen. Vor diesem Hintergrund wird deutlich, warum sehr viele Ortschaften markante und geographische Punkte in Masuren bis zur Machtergreifung der Nationalsozialisten polnisch klingende Bezeichnungen trugen. Die dort seit

---

[1] Auszug aus „Die Masurische Biene" Folge 12/März 2001

Jahrhunderten herrschende preußische Obrigkeit ließ dies gewähren, erst die Nazis hatten die Umbenennung in Deutsch klingende Namen vollzogen. Dabei wurde oft nur die deutsche Übersetzung der Objekte vorgenommen. Doch konnten die Nazis das Masurische nicht ausmerzen. Die Älteren sprachen auch während der Nazizeit in Masurisch, wenngleich die jüngere Generation, die im Alter meiner Mutter (Jahrgang 1914) bemüht war, nur Deutsch zu sprechen. Natürlich beherrschten sie auch das Masurische. Umgekehrt taten es 1945 dann auch die neuen Machtheber der Polnischen Volksrepublik. Bis auf wenige Orte bekamen die Ortschaften ihren alten Namen zurück, wenn auch in Einzelfällen abgeändert, um dem polnischen Ausdruck mehr Geltung zu verleihen. Gelegentlich wurden Namen polnischer Freiheitskämpfer, wie z. B. Kętrzyn für Rastenbung und Mrągowo für Sensburg verwendet.

Ich möchte sogar behaupten, dass das Masurische keine Mundart, sondern eine eigenständige Sprache ist. Für das Masurisch gibt es aber weder eine Orthographie noch Grammatik. Diese Mundart wurde lediglich von Generation zu Generation weitergegeben und sie hatte sich nicht weiterentwickelt. Es ist quasi eine synthetische Sprache, weil hier häufig polnische und deutsche Vokabeln vermischt sind. Den Lehenwörtern aus dem Deutschen wurden einfach polnische Endungen angehängt. So z.B. *keti* für Kette, *sagä* für Säge, *runkle* für Runkelrübe, *motta* für Motte, *schpadä* für Spaten, *schipä* für Schiff, aber auch für die Schippe, *panewa* für Pfanne u.s.w. Es lässt sich hier beliebig fortfahren. Anzumerken ist, dass im Masurischen ein *o* und ein *e* offen wie in Obst und Ergometer ausgesprochen werden. Die polnischen Zischlaute wie *sz*, *cz* und *z* spricht der Masure in den meisten Fällen wie *s, c, z* aus. Das *a* oft wie ein halbes *ä*, meistens, wenn es ein Auslaut *a* ist, wie *kärcmä* = Gasthaus/Krug. Im Gegensatz zum Polen spricht der Masure das *y* wie *i* aus, das Mitlaut rz hingegen klingt wie im Polnischen. der Nasallaut *ą* wird umschrieben mit *om* oder *oum*, das *ę* hingegen wie e gesprochen. Das harte *ł* klingt wie in <u>wh</u>isky. Dazwischen gibt es auch eigene Vokabeln, die weder dem Polnischen noch dem Deutschen zugeordnet werden können, das ist eben das Masurische. Hier die kuriosesten davon in alphabetischer Reihenfolge:

Buksi	*Hose*
Fitatsch	*fangen*
Flince	*Eierkuchen/Omelett*
Guła	*Pute*
Klempa(i)	*Kuh/Kühe*
Kordak(i)	*Hase(n)/Kaninchen*
Kristomberi	*Stachelbeeren*
Łhopati	*Ski*
Korpati	*Klumpen*
Leibak(i)	*Hund(e) (verächtl.)*
Nachci	*doch*

20

Pomaska	*Butter*
Pedi	*Joch*
Schurek(i)	*Bengel//Junge*
Skorznie	*Stiefel*
Torfak(i)	*Moorwiese(n)*
Wyzug	*Abbau*

Es ist jammerschade, dass diese Mundart am Aussterben ist, weil es nur noch wenige gibt, die sie beherrschen und die sind bereits im fortgeschrittenen Alter. Unter sich hatten die Masuren überwiegend das Masurisch gesprochen, nur wenn man sich fremd war, sprach man Deutsch. Und weil man in Masuren zweisprachig aufwuchs, gab es kaum Probleme beim Regierungswechsel von Deutschland zu Polen. Mit der Zeit hatte man sich an das Hochpolnisch gewöhnt und es auch mehr oder weniger verstanden. Zuweilen jedoch war es zu lustigen Missverständnissen gekommen, wobei der eine oder andere etwas völlig anderes verstanden hatte. Bemerkenswert ist, dass etwa die Hälfte der Masuren polnische Namen hatten. Eine masurische Besonderheit ist, dass sich hier so genannte *Gromadki* gebildet hatten. Das waren Gebetsvereine, die neben der offiziellen evangelischen Kirche - Masuren war fast durchweg evangelisch - Hausgottesdienste in Masurisch abgehalten hatten. Die Initiatoren warben ihre Anhänger unter anderem damit, dass Deutsch die Sprache des Hochmuts sei, Polnisch dagegen die der Demut. Außerdem war ihnen der evangelische

21

Gottesdienst nicht andächtig genug, so dass man sich am Nachmittag nach dem Kirchgang zu einer Gebetsstunde in Privathäusern traf. Solche Gebetsvereine hatte es fast in jedem Ort gegeben, und sie sollen nach Aussagen meiner Mutter gut besucht gewesen sein. Es fanden sich „fromme" Männer, die diese Gebetsstunden leiteten. Interessant ist hier der Sinneswandel, als die *Gromadki* nach dem Zweiten Weltkrieg ihre Verkündigungssprache - jetzt unter polnischer Verwaltung - in Deutsch abhielten. Waren sie inzwischen richtig germanisiert, oder wollten sie ihre Abneigung gegenüber dem polnischen Staat zum Ausdruck bringen!? Wahrscheinlicher ist das Zweite. Eine Antwort darauf wird es wohl nie geben, da diese Vereine längst nicht mehr existieren. Die Alten sind verstorben und die Jungen haben inzwischen ihre angestammte Heimat freiwillig verlassen. Der Begriff *Gromadki* kommt aus dem Polnischen und bedeutet so viel wie kleine Gruppen/Gemeinden.

Interessanterweise trugen auch Hügel - eher Hügelchen, die kaum 100 m/NN erreichten - polnische Namen. Einer davon war die *Drozdowa*, abgeleitet von *Drozd* die Drossel. Die höchste Erhebung in unserer Gegend war die *Świnia Góra*, was so viel wie Schweinsberg heißt, die sich im Südosten der Gemarkung *Kulikhausen* erhebt und etwa 50 m höher als die *Drozdowa* ist. Es gab auch Bezeichnungen, die ein Mischmasch aus Deutsch und Polnisch waren. Zum Beispiel die Carnawiesen (*carna heißt auf Masurisch schwarze*) - das war ein Wiesenareal,

22

auf dem Torf gestochen wurde. Torf spielte übrigens in Masuren als Energieträger beim Heizen und Kochen eine bedeutende Rolle. Fast jede Familie hatte sich mit Torf für den Winter eingedeckt. Dieser Energieträger war billig und jedermann konnte sich ihn leisten. Wenn im Frühjahr die Saat ausgebracht war, ging es Ende Mai/Anfang Juni zum Torfstechen. Das war ein Ereignis, bei dem die ganze Familie zwei Tage lang beschäftigt war. In der nächsten Umgebung unseres Dorfes gab es nur eine Torfwiese auf der alle, abgesehen von den Carnawiesen, ihren Torf machten. Torfstechen war ein großes Ereignis, das dem Dreschen und Kartoffelgraben ebenbürtig war.

Meine Mutter, Jahrgang 1914, erzählte, dass einige ihrer Schulfreunde mit der deutschen Sprache Schwierigkeiten hatten, da zu Hause nur masurisch gesprochen wurde. Aus ihrem Erlebnis wusste sie zu berichten, dass der Lehrer Leiding der Lubiewer Volksschule einen Schüler fragte:

Na Albert, sprichst du auch mit deiner kleinen Schwester deutsch zu Hause? Darauf der Junge:

Ja, Herr Lehrer.

Und worüber sprichst du mit ihr?

Die Antwort: *Bring von bagenko glina, ich werde dir jajko und koschik machen!*

Hierzu der Sinn der Unterhaltung zwischen Lehrer und Schüler: Bagenko ist ein kleiner Tümpel, glina bedeutet Lehm, jajko Ei und koschik Korb. Der deutsche Anteil der Vokabeln überwiegt, weil er sieben Wörter hat. Kommentar überflüssig... Sehr eigen war dem Masuren das Fluchen, welches ziemlich grob war, aber nicht wiederum so vulgär, wie es der Pole tut. Oft gebrauchte der Masure das Wort *schlagrussi*, was eigentlich Donnerwetter bedeutet. Dieses Schimpfwort wurde häufig von meinem Urgroßvater Gottlieb Dzeyk gebraucht, was unseren Landhelfer, er war sowjetischer Kriegsgefangene auf unserem Hof, stets in Aufregung versetzte. Er glaubte, dass dieser Ausdruck *schlage die Russen* heißt. Auf masurisch sind *Russi* die Russen, allerdings gibt es auch ein masurisches Verb *rusi*, das genauso ausgesprochen wird, allerdings *Bewegung* ausdrückt, aber in diesem Fall eher „treffen" heißt. Der deutsche *Lausbub* heißt auf ostpreußisch-masurisch *Lorbas*, auf masurisch wird er *Gaugan* genannt, was wiederum auf Polnisch Lumpen *Textil* bedeutet.

Trotz all dieser Vorgeschichten war der Masure durch und durch preußisch geprägt. In erster Linie war er kaisertreu, dann obrigkeitsergeben, was die Wahl zum Reichstag 1933 unter Beweis stellt. Insbesondere die Kreise Treuburg/*Olecko*, Johannisburg/*Pisz*, Ortelsburg/*Szczytno* und Sensburg/*Mrągowo*, das eigentliche Masuren, wählten fast zu 90 % die NSDAP. Den Polen, seinen „Stammvater", schätzte der Masure gering, tolerierte ihn aber. Vor dem Zweiten Weltkrieg kamen viele Polen als Erntehelfer nach Ostpreußen. Die meisten kamen aus dem angrenzenden Kurpien, es war nah gelegen, und es hatte so gut wie keine Sprachbarrieren gegeben. Dass der Masure ein deutscher Patriot war, stellt auch die Volksabstimmung nach dem Ersten Weltkrieg am 11. Juli 1920 unter Beweis: 97,86 % votierten für Deutschland und nur 2,14 % für Polen.

Ein Faktor für das Deutschtum der Masuren ist mit Sicherheit auch der Umstand, dass Polen als Staat zwischen der dritten Polenteilung 1795 und bis zum Ende des Ersten Weltkrieges nicht existiert hatte. Fakt ist, dass Ostpreußen geschichtlich niemals zu Polen gehört hatte.

Mythen, Spuk und Sitten

Der Urmasure ist an und für sich gutmütig, zuweilen träge und fast einfältig. Wie gesagt, gut im Fluchen, ein Pferdenarr und manchmal auch streitsüchtig. Die Masuren waren gottesfürchtige Menschen mit einem tief verwurzelten Aberglauben, der sich weit in die Nachkriegszeit des Zweiten Weltkrieges erhalten hatte und sicherlich heute noch lebendig ist, insofern dort heute noch welche von ihnen leben. Die Polen sind übrigens ebenfalls gottesfürchtig, aber katholisch und auch ziemlich abergläubisch, so dass es dort weiterhin spuken dürfte.

Nachfolgend ein paar Kurzgeschichten, die sich in Masuren so oder ähnlich in der ersten Hälfte des 20. Jahrhunderts abgespielt hatten. Erwähnenswert ist, dass es seinerzeit in Masuren an kulturellen Darbietungen mangelte und dass dieses Manko die Erzähler haarsträubender Geschichten beflügelte, sich unterhaltender Geschichten auszudenken. Üblich war es, insbesondere in den Wintermonaten, in der Nachbarschaft an Abenden und ohne vorherige Ankündigung einander zu Besuchen und bis spät in den Abend zu klönen. Wir Kinder hatten auch nichts besseres zu tun und hörten stets mit geschwollenen Ohren den Alten zu.

Den Aberglauben machte sich das sogenannte *Fahrende Volk (Sinti und Roma)* zu Nutze. Bald nach den Wirren des Zweiten Weltkrieges zogen sie sporadisch durchs Land und sicherten ihr Dasein als *Lumpenhändler* wie man das umgangssprachlich in Masuren nannte. Für Altkleider oder andere Textilien konnten bei ihnen Porzellan und andere Haushaltsartikel eingetauscht werden. Dem Pferdehandel ging der männliche, der Wahrsagerei oder "Ent-Hexerei" der weibliche Part dieser Volksgruppe nach. Fast 60 % bis 80 % der Masuren glaubten an Zauberei, besonders dann, wenn es ihnen materiell nicht so gut ging, wie sie es sich erhofften. In solchen Fällen war stets irgendeiner an der eigenen Misere schuld, und zwar der, der mit dem Teufel oder mit anderen Dämonen im Bunde stand. Und stets ging es an die Adresse derjenigen, denen es gut ging. So mancher „Sachverständige" in Sachen Hexerei konnte an den Augen erkennen, wer mit den Übermächtigen im Bunde steht; dessen Augen hatten einen gewissen Schleier, der natürlich nur einem „Kenner" nicht verborgen blieb. Die „Sachkundigen" waren auch in der Lage, den Fluch, der auf dem Betroffenen lastete - gegen Honorar versteht sich - abzuwenden. Unter diesen Umständen war für so manchen „Hungerleider" eine sporadische Überlandfahrt dieses Volkes willkommen, um ihn aus seiner Not zu befreien. Während der „Enthexerei" wurde unter anderem ein Hühnerei unter einer Türschwelle, welches sie vor den Augen der Betroffenen zertreten und ein Büschel pechschwarzer Haare zum Vorschein kam. Das war dann Beweis genug dafür, dass hier dunkle Kräfte am Werk waren. Gängige Praxis unter der älteren Bevölkerung war auch das „Besprechen" eines Leidens oder Gebrechens. Dieses besorgten alte Frauen, die sich hierfür berufen fühlten, und das wurde dann auch in Masurisch vollzogen. Sie genossen Anerkennung und waren nicht selten in der weiteren Umgebung berühmt. Meine Mutter hatte sich einmal einer solchen „Besprechung" auf gutes Zureden unterzogen, und das ausgerechnet bei der Mutter einer ihrer Freundinnen. Es plagte sie seit Langem ein schmerzendes Knie, das nicht so recht heilen wollte. Diese „Behandlung" hatte sich einfach so anlässlich eines Besuches ergeben. Sie berichtete, was die alte Frau für einen Unsinn von sich gab, unter anderem kam auch der Ausspruch „grüner Wald" vor, und meine Mutter musste bei diesem ihrer Meinung nach - Unsinn - schmunzeln. Möglicherweise war das der Grund dafür, dass diese „Behandlung" keine Wirkung zeigte - aber bekanntlich versetzt der Glaube Berge...

Was die medizinische Versorgung vor und nach dem Zweiten Weltkrieg in *Kulikhausen* und der nächsten Umgebung betraf, so war diese mehr als nur dürftig. Die dort lebenden Menschen waren so ziemlich auf sich allein gestellt. Den nächsten Arzt oder eine Apotheke gab es in der nächsten Stadt, die mindestens fünfzehn Kilometer entfernt war. Man bedenke, dass man damals noch nicht so motorisiert war. An ärztliche Hausbesuche im Falle einer ernsthaften Erkrankung war erst gar nicht zu denken, da musste schon der Kranke mit einem Bein im Jenseits gestanden sein. Dieser permanente Zustand hatte die Menschen zur Selbstständigkeit erzogen. Sie

28

waren es gewohnt, ihre Gesundheit selbst in die Hand zu nehmen, wobei sie fast alles mit der Natur zu heilen bemüht waren. Die Kamille war hier stets ein Allheilmittel, sei es als Tee für eine Magenbehandlung oder Wundauswaschung. Der Huflattich heilte Geschwüre, Baldrian Herzprobleme und der Wermut eignete sich unter anderem für die Seele. Im Winter war natürlich das Wichtigste die Wärmflasche, die auf Masurisch *Bunka* heißt. Das allerwichtigste Medikament war allerdings der Schnaps, er betäubte nicht nur den Schmerz, sondern in manchen Fällen eine kranke Seele, zumindest war man hier dieser Meinung. Anderseits war der Alkohol eigentlich auch der Schuldige, wenn es mit dem bescheidenen Wohlstand bergab ging. Den Erzählungen meiner Großeltern nach, sei für so manchen Ruin eines gut geführten Bauernhofs, oft der Fusel die Ursache gewesen. Die „Bankrotteure" saßen fast täglich im Krug, tranken bis zur Bewusstlosigkeit, und da sie meist kein Geld mitführten, weil sie nicht so flüssig waren, ließen sie beim Wirt anschreiben. Sobald die Schulden astronomische Zahlen annahmen und der Wirt sich seiner sicher war, dass der Bauer nicht mehr in der Lage war, diese zurückzuzahlen, ließ er den verschuldeten Hof per Gericht pfänden. Bei den angesehenen Bauern galten jene, die regelmäßig im Wirtshaus saßen, als verdorben. Auch manche Frauen hatten gut und gern dem Schnaps zugesprochen, und wenn das Geld ausging, trank man notgedrungen auch Brennspiritus. Nicht selten kam es vor, dass sie für ihre Trinkgewohnheiten heimlich Getreide oder andere Sachen verkauften und dem Bauern (Ehemann) einen Bären aufbinden mussten. Der Aberglaube hatte in dieser Hinsicht wahre Wunder gewirkt. So berichtete eine Bäuerin ihrem Angetrauten, dass sie auf dem Kornspeicher einen dicken *Kauopak* angetroffen hatte, der bereits im Getreidehaufen ein riesiges Loch ausgeschaufelt hatte. Der Bauer habe halb andächtig und fast in Ehrfurcht entgegnet: „Ja, ja, irgendwann wird der seine Strafe bekommen." Offensichtlich dachte er an einen Nachbar, der mit Dämonen im Bunde stehen sollte, was die Spatzen vom Dach pfiffen.

Mein Onkel, ein Schwager meines Vaters, war ein exzellenter Erzähler haarsträubender Geschichten, an die er offensichtlich auch selbst geglaubt. Bei Familienfeiern, nachdem man bereits angeheitert war, begann er mit seinen diversen Erzählungen. Ich, da ich noch Kind war und so ziemlich alles glaubte, was sich die Erwachsenen erzählten, bekam beim Zuhören manchmal Gänsehaut. Und da niemand Onkel Hans widersprach, musste jener davon ausgehen, dass die Anwesenden von seinen Erzählungen angetan waren. Schließlich trug das ja enorm zur Unterhaltung bei, denn über Neuigkeiten, die sich in der letzten überschaubaren Zeit in einem der „größten Kuhdörfer" zugetragen hatten, gab es kaum etwas zu berichten. Und so begann Onkel Hans, seine gehörten oder besser gesagt selbst ausgedachten mit Witz gepaarten Horrorgeschichten zu erzählen:

„Der Bauer Jeschonek aus Grabowken war eines Tages mit dem Fuhrwerk nach Nikolaiken gefahren. Er war guter Dinge und alles schien gut zu laufen. Er machte gute Geschäfte, denn er hatte eine Sau an den Metzgermeister Zuchinski verkauft und dafür gutes Geld bekommen. Bevor er die Heimreise antrat, versorgte er sich noch mit allerlei Waren, die man so brauchte: Kohle, etwas Kunstdünger und anderes. Der Pferdewagen war jedenfalls wieder randvoll beladen. Mit Bekannten, die er zufällig in der Stadt getroffen hatte, trank er noch ein paar Bierchen und Schnäpse, man hatte sich ja lange nicht gesehen, und es gab einiges zu erzählen. Dann setzte sich Jeschonek auf seinen Wagen, schwang die Peitsche und die Pferde setzten sich in Bewegung. Mit sich und der Welt zufrieden pfiff Jeschonek ein Liedchen, sein Fuhrwerk passierte das Gut Lucknainen, den Lucknainer Forst, und die Pferde wollten gerade in den Weg nach Grabowken einschlagen, als da plötzlich ein Unbekannter am Wegesrand stand, der offensichtlich mit einer Mitfahrgelegenheit gerechnet hatte. Der hilfsbereite Jeschonek, nichts Böses ahnend, ließ den Fremden aufsteigen. Das trifft sich gut, dachte er, man wird sich ein wenig unterhalten können und so Ablenkung finden, denn man hatte noch gut eine Stunde Fahrt vor sich, bevor man aus dem Wald heraus war. Der Fremde war allerdings stumm wie ein Fisch. Wie sich Jeschonek auch bemühte, war aus dem Kerl außer einem „wie" oder „aha", nichts herauszubekommen. Und da plötzlich geschah es, was auch schon angeblich anderen

31

Bauern widerfahren war! Die Pferde waren auf einmal schweißgebadet und konnten trotz großer Anstrengung den Wagen nicht mehr ziehen. Jeschonek stieg ab, um nach dem Rechten zu sehen, konnte aber nichts Auffälliges am Wagen finden. Als er wieder auf den Wagen steigen wollte, da war der Kerl wie vom Erdboden verschluckt, weg. Also, es muss doch der Leibhaftige gewesen sein, dachte Jeschonek und stieß ein leises Gebet zum Himmel empor. Nach ca. einer halben Stunde konnte er seine Fahrt fortsetzen.

***

Aus Überlieferungen meiner Großeltern weiß ich noch sehr eigenartige Geschichten zu berichten. Zum Beispiel als meine Ur-Urgroßmutter mütterlicherseits ihre erste Bekanntschaft mit einem Automobil machte. Sie kam gerade aus dem Gottesdienst der evangelischen Kirche von Nikolaiken und war auf dem Nachhauseweg nach Neu Schaden, einem Gut, wo ihre Familie seit Jahren lebte und zum Gesinde desselbigen gehörte. Ihr Weg führte durch eine einsame malerische mit kleinen Hügeln durchsetzte Landschaft. Eine richtige Sonntagsruhe breitete sich in ihrer Seele aus, die dazu noch mit Gottes Segen vom Pfarrer bedacht war. Urgroßmutter dachte an die Sonntagspredigt, die auch in Masurisch gehalten wurde und ihr so gut gefallen hatte, als sie plötzlich ein merkwürdiges Geräusch wahrnahm, welches sich zu nähern und immer lauter zu werden schien. Ein seltsames

Brummen, welches sie zuvor noch nie hört hatte, es drängte sie, sich ständig umzuschauen. Sie war voller Unruhe bis sie endlich eine seltsame Kutsche erblickte, die nicht von Pferden gezogen wurde und auch keine Deichsel hatte, dennoch wie ein richtiges Pferdefuhrwerk aussah. Der Schreck fuhr ihr in die Glieder und sie war sich sicher, dass dieses Gespann vom Satan persönlich gesteuert war. Ohne lang zu überlegen sprang sie zur Seite, versteckte sich hinter einen Baum und bekreuzigte sich, damit der Leibhaftige keine Macht über sie bekäme. *(Hier erlaube ich mir die Feststellung, dass sich die Masuren wohl noch bis ins 19. Jahrhundert bekreuzigten, obwohl sie längst Protestanten waren).* Zu Hause angekommen, berichtete sie ganz aufgelöst, dass sie den Leibhaftigen gesehen hätte, der fein angezogen auf einem Wagen ohne Pferdegespann saß, einen Höllenlärm machte und als er ganz nah neben ihr vorbeifuhr, ekelhaft furzte, und aus seinem Hintern kam dazu noch ein rabenschwarzer stinkiger Qualm.

***

Reich werden, war der Traum vieler und daran hat es sich bis heute nichts geändert. So manch einer suchte in Masuren durch Hexerei, Beschwörungen oder über alte Schriften an den Mammon zu kommen. Hierzu bediente man sich des so genannten 6. und 7. Buch Moses. Dieses Pamphlet war im 18. Jahrhundert erschienen. Hier soll Mose am Hofe des Pharaos Zauberkünste beschrieben haben. Findige Geschäftemacher brachten Parolen in den Umlauf, dass in der Bibel das geheime Wissen von Moses bewusst vorenthalten wurde, wofür der Vatikan gesorgt hatte. Im abergläubischen Masuren und nicht nur dort, fanden diverse geheime Zauberrezepte reißenden Absatz. Man las diese Zauberanweisungen voller Ehrfurcht mit gefalteten Händen. Mein Großonkel erzählte davon, als er bei einer armen Familie zum Schein zu Abendessen eingeladen war, wobei er in Wirklichkeit den Gastgebern die Zauberformeln vorlesen sollte, was er dann auch tat - damals konnten hier viele alte Menschen weder lesen noch schreiben, obwohl bereits Schulpflicht bestand.

Alles was ich in diesen besagten Mosesbüchern gelesen hatte, ist in der Tat interessant, doch absolut nicht in die Tat umsetzbar, sagte mein Großonkel.

Seiner Zeit gab es viele solcher *Himmelsbotschaften,* die von irgendwelchen Gebetsvereinen beziehungsweise diversen Predigern in Umlauf gebracht wurden. Der bekannteste dürfte der so genannte Himmelsbrief sein, dessen Verfasser ein Norweger aus dem 19. Jahrhundert ist. In Masuren nannte man ihn *Niebieski List (*eine wörtliche polnische Übersetzung*),* der in Kreisen andächtiger Menschen, oder die sich als solche hielten, herumgereicht wurde.

***

Der Sage nach hauste in Masuren ein ominöser Geist namens *Rokita*, ein Geist, der fürs Reichwerden angerufen werden konnte. Jener musste nur zur rechten Zeit und am richtigen Ort, der geheim gehalten wurde, angerufen werden, mit entsprechender Zauberformel versteht sich. Wann und wo dies zu geschehen hatte, wussten ältere und witzdurchtriebene Männer, die in manchen geselligen Runden am Stammtisch bei Schnaps und Bier die Gaststättenbesucher unterhielten und bei ihnen die Neugier weckten. Beim Erzähler konnte man, unter strenger Geheimhaltung natürlich, die nötigen Informationen für einen Geldsegen in Erfahrung bringen. Das hatten dann auch zwei etwas einfältige Knechte *Daniel* und *Rogal* getan und den ihnen anvertrauten geheimen Geisterruf beherzigt. Sie begaben sich also zur Mitternacht bei Vollmond zu der bestimmten Weggabelung wie ihnen beschrieben und begannen in Masurisch zu rufen, zuerst leise: *Rokita, daj nam pschenjendzi* (Rokita, gib uns Geld). Ihr Rufen wurde immer lauter und fordernder. Da, plötzlich ein ohrenbetäubendes Getöse, das beide zusammenfahren und ihnen die Haare zu Berge stehen ließ. Derart aufgeschreckt nahmen die Beschwörer Reißaus und liefen um ihr Leben. Rokita jedoch rief ihnen hinterher: *Danielu stoj, Danielu stoj, a ciebje Rogalu juz dawno w moich pchismach mam*. Das ist masurisch und bedeutet: Daniel bleib stehen, Daniel bleib stehen und dich Rogal habe ich schon längst in meinen Akten. Hier waren Geldratgeber und Rokita wohl ein und dieselbe Person. Ausgestattet mit einem

Wäschekessel und einer Kette hatte er bereits vor
Eintreffen der beiden Stellung bezogen und sie
erwartet. Die Knechte waren natürlich davon
überzeugt, dass anstelle von *Rokita* der Teufel
persönlich erschienen war. Offensichtlich hatten sie
das Geheimnis verletzt, zumindest verdächtigten sie
sich gegenseitig.

***

Auch waren die Masuren ein ziemlich streitbares
Volk. Nicht nur, dass sie sich gegenseitig misstrauten
und beschimpften, nein, sie zogen oft auch noch vor
Gericht und zwar solange, bis sie manchmal ihr Hab
und Gut verprozessierten. Manchmal genügte ein
belangloser, missbilligender Scherz, um gleich daraus
einen Buhei zu machen und vors Gericht zu ziehen.
Die treibenden Kräfte hierbei waren in der Regel
neidische Weiber, die voller Missgunst waren, wie
zum Beispiel Frau *Madalzik.* Sie bestand darauf mit
Frau Meister angesprochen zu werden, da ihr Mann
doch Schuhmachermeister war, der übers Dorf
hinaus bekannt, um nicht zu sagen berühmt war. Als
sie sah, dass die Frau des Dorflehrers, die aus kleinen
Verhältnissen stammte, sie war die Tochter des
Postboten *Beutler,* einen neuen Hut trug, war es mit
der Beherrschung um sie geschehen. Sie wartete nur
auf die nächste Gelegenheit, um ihr ihre Herkunft
unter die Nase zu reiben. Und als sie ihr endlich
begegnete, sagte sie: - *Na ty Beutlerowa kupo, co za
krochjane sobje na lep nasadziwuas?* - Das heißt zu

Deutsch: Na du Beutler'scher Scheisshaufen, was hast du da für einen Kuhfladen auf deinen Schädel gesetzt? Frau „Lehrer" reagierte prompt und zeigte jene wegen Beleidigung an. Während der Gerichtsverhandlung konnte die Beleidigung nachgewiesen werden, und die Beklagte wurde zur Zahlung einer Geldstrafe verurteilt. Unmittelbar nach der Urteilsverkündigung sagte sie zu ihrem Mann: - *Fritzu, to teras bchij, ci pani ci ne pani!* Daraufhin fragte der Richter, der kein Masurisch sprach, seinen Dolmetscher:

- *„Was hat sie gesagt?"*

Nachdem der Dolmetscher den Satz der Angeklagten dem Richter übersetzt hatte, was soviel hieß wie: Fritz, nun schlage drauf, ob Herren oder nicht Herren. Die Antwort des Richters war:

-*„Na, dann soll er es mal versuchen!"*

Obwohl die Masuren gottesfürchtige Menschen waren, aber von Armut getrieben, kam es gelegentlich, abgesehen von so manchen Beleidigungen, zu Gesetzesübertretungen. Nicht im großen kriminellen Stil, aber kleinere Diebstähle, leichte Beleidigungen oder Betrügereien gab es schon dann und wann. Die Amtsgerichte verhängten in geklärten Fällen dann auch geringfügige Strafen. Meist waren es Geldstrafen, ersatzweise soundso viel Tage Arrest. Und da Geld Mangelware war, aber die Straftäter ihre Strafe nicht antreten wollten, jedenfalls nicht freiwillig, musste der Gerichtsvollzieher die Delinquenten dem Strafvollzug zuführen, was natürlich keine einfache Angelegenheit war. Mein Urgroßvater mütterlicherseits, war ein solcher beim Amtsgericht Nikolaiken, das mitten in Masuren liegt. Er bewirtschaftete einen kleinen Nebenerwerbshof und war nebenbei noch im Staatsdienst. So manch einen interessierte natürlich, wie er die Straftäter, die er dem Strafvollzug zuzuführen hatte, erkennen würde. Er konnte ja nicht alle kennen, denn sein Bezirk war nicht gerade klein, zudem wurde alles per pedes abgewickelt, zumindest bis zur nächsten Eisenbahnhaltestelle.

Albert, fragte aus purer Neugierde sein Nachbar Fritz:

- *Wie erkennst du deinen Delinquenten?*
- *Nun, wenn der mich kommen sieht, dann wird er zuerst blass wie eine Wand und dann rot wie ein Puter, das andere ist Routine,* sagte Albert.

Eines Tages musste er ein junges Mädchen, das wegen unerlaubtem Fernbleibens von ihrer Stellung beim Großbauer zu vier Wochen Haft verurteilt wurde - ja so war es damals unter unserem Kaiser - zum Strafvollzug abführen. Ihre Mutter, die wegen Beihilfe zu einer Geldstrafe verurteilt war, aber nicht zahlte, sollte Albert auch gleich im Gefängnis abliefern. Allerdings ahnte diese noch nicht, was ihr bevorstand. Als Albert bei den Damen eintraf, er kannte beide persönlich, gab es zuerst ein großes Lamentieren. Was wohl die Nachbarschaft sagen würde, das Mädchen sei um ihren Ruf gebracht, Weh und Ach löste einander ab. Albert, ein alter Fuchs auf seinem Gebiet, der sein Handwerk konnte, sagte zu der Mutter:

- *Wissen sie was, es kann doch nicht sein, dass das Mädel eingesperrt wird. Ziehen sie sich etwas über und kommen mit, damit wir beide für ihre Tochter sprechen werden!*

Das ließ sich die Gute nicht zweimal sagen, das überzeugte. Im Nu war sie fertig und alle drei machten sich auf den Weg in die Strafanstalt. Dort angekommen nahm der Anstaltsleiter die beiden Frauen in Empfang. Er sparte nicht mit Lob für Albert, als der sich verabschieden wollte. Mutter und Tochter wurden dabehalten. Verdutzt wandte sich die Mutter an Albert: - *Ja, was denn, ich auch?*

Daraufhin Albert: - *Na wie sie sehen,* und entfernte sich schleunigst, um unangenehmen Vorwürfen aus dem Wege zu gehen.

***

Tod und Ewigkeit gingen einher und hatten auch ihre Sitten und Gebräuche. Der oder die dem Tod geweihte/r wurde von der Nachbarschaft besucht und mit Seelenbeistand begleitet. Insbesondere kümmerte sich wie üblich der *Gromadkenkreis* darum. Der Pfarrer kam nur auf Verlangen, um dem Sterbenden das letzte Abendmahl zu reichen. Eine etwas größere Sache war die Beerdigung.

Da man auf dem Lande lebte, gab es damals keine Friedhofsämter und Bestatter. Alles geschah in Nachbarschaftshilfe: Gruft ausheben, Kränze flechten, Kuchenbacken, Leiche waschen und anziehen und was sonst noch dazu gehörte. Weil es anfangs nach dem Abzug sowjetischer Truppen zunächst keine Pfarrer gab, erledigte den Pfarrerpart ein sogenannter Prediger, der auf jeden Fall der Gebetsgemeinschaft *Gromadki* angehörte und in der Regel dort die Gebetsstunden leitete. Die Leiche war stets bis zur Beisetzung im Trauerhaus aufgebahrt. Der Sarg, den der örtliche Schreiner immer nach Bedarf anfertigte, stand auf zwei Schemeln, die umgestoßen werden mussten, sobald der Sarg mit der Leiche das Trauerhaus verlassen hatte. Anderenfalls zog das einen weiteren Sterbefall in der Trauerfamilie nach sich. Wenn die Leiche den Sonntag über im Haus aufgebahrt werden musste, war das ebenfalls ein schlechtes Omen für die Trauerfamilie: Es würde bald einer aus der Familie dem Verstorbenen folgen, so der Volksmund. Nachdem der Leichnam aufgebahrt war, kamen bis zur Beisetzung jeden Abend Frauen zum Singen. Diese saßen dann um den offenen Sarg, beteten und sangen Kirchenlieder. Dieser Brauch sollte ein sinnvoller Trost für die Hinterbliebenen sein, damit sie in den dunklen leidvollen Nächten nicht alleine gelassen wurden. Die Beerdigungsbräuche zur Zeit meiner Großeltern waren noch kurioser. Nach der Beerdigung, das heißt, wenn der Sarg in der Gruft war, und die Erde den Grabhügel bildete, ging man ins Trauerhaus, um Leichenschmaus zu halten. Diese Feier ging oft bis spät in die Nacht, man aß und trank, und das nicht wenig. Zum Abschluss mussten zwei Männer die Seele ins Jenseits begleiten. Man gab ihnen eine

Flasche Schnaps für den beschwerlichen Weg, um die Seele des Verstorbenen bis zur nächsten Weggabelung oder Kreuzung zu begleiten. Dort trennten sie sich von dessen Seele. Nach Rückkehr berichteten dann die „Seelenbegleiter", wie sich der Tote von ihnen verabschiedet hätte. Natürlich sprach er nicht, aber er rieb ganz fest seinen Rücken an die seiner Begleiter und fand so seinen Frieden. Dass die „Seelenbegleiter" ausführlich Bericht erstatten konnten, hatte mit Sicherheit die Flasche Schnaps beigetragen, die sie natürlich mit dem Toten zum Abschied geleert hätten...

***

Masuren war zur Kaiserzeit ein ärmliches Land. Die meisten lebten in einfachsten Verhältnissen. Wollte man sich etwas leisten, so musste Geld her. Die Sparkassen - wie üblich - gaben nur Kredite, wenn der Bewerber Sicherheiten vorweisen konnte. Da die Masuren Christenmenschen waren, liehen sie sich natürlich untereinander kleinere Beträge. Probleme waren stets wegen der Rückzahlung des Geliehenen vorprogrammiert. In zutreffenden Fällen versuchte der Schuldner, dem Gläubiger aus dem Wege zu gehen, doch leider nicht immer mit Erfolg. Der Gläubiger versuchte seinerseits, ebenfalls mit List und Tücke an seinen Zaster zu kommen. Das tat man natürlich mit Umsicht, um den Schuldner nicht zu sehr zu demütigen, vor allem nicht in der Öffentlichkeit. Also hatte sich *Gudadt* folgende List ausgedacht: *Sareika,* der Schuldner, hatte es seit längerem vermieden, an Gudadts Hof vorbeizugehen, er wählte deshalb einen Umweg, um an seinen Arbeitsplatz zu kommen, und der führte durch ein Waldstück. Nun, *Gudadt* war auch nicht von gestern und kam seinem Schuldner auf die Schliche. Nachdem er gemerkt hatte, dass jener einen großen Bogen um ihn machte, brach er in der Früh auf, bezog Stellung auf einem Baum und wartete, bis *Sareika* auftauchte. Nachdem dieser nahe genug herangekommen war, rief *Gudadt* mit einer Engelsstimme:

„*Sarreiika, Sarreiiika!*"

Der Schuldner *Sareika* erschrak, denn es war niemand zu sehen - ehrfürchtig antwortete er:

- *Sprich Herr, dein Diener hört!*"

Alsdann kam die Stimme des Herrn:

- *Sareika, gib die Schulden ab!*

Dieser Aufforderung des „Herrn" musste *Sareika* selbstverständlich Folge leisten, war er doch ein Christenmensch. Er lieh erneut nötiges Geld bei jemand anders. Ob der nächste Gläubiger auf die gleiche Weise an sein Geld kam, ist nicht bekannt.

***

Der Maurer *Czenenga* hatte ein kleines Häuschen mit einem dazugehörigen Garten, aus dem man das Nötigste zum Überleben ernten konnte. Bares verdiente er sich mit kleinen Maurerarbeiten in der Umgebung. Seine Frau, die Marie, erledigte den

Haushalt und kümmerte sich um die Kleinen, zu mindestens anfangs. *Czenenga* war ein Schwerenöter und das hatte im Dorf die Runde gemacht. Das brachte der Beruf so mit sich. Er kam viel herum, machte hier und da Bekanntschaften und war sehr beliebt. Die „Weiber" liefen ihm quasi nach, insbesondere die jungen Witwen, deren Männer im Ersten Weltkrieg gefallen waren. Dieser Umstand hatte so manchen auf die Idee gebracht, die Marie hochzuziehen. Der Nachbarsjunge Paul, ein durchtriebenes Schlitzohr, schickte aus der Kreisstadt, in der er seine Metzgerlehre machte, eine Ulkkarte an die Adresse der *Czenengas*. Auf die Rückseite verfasste er einen verfänglichen Text und unterschrieb mit „Amanda Putzmich". Wie geplant, gelangte die Karte zuerst in die Hände der Marie und sie „war im Bilde"! Als ihr Mann abends nach Hause kam, sagte sie schnippisch:

- *Amanda hat dir geschrieben!*

Czenenga hatte in Berlin eine Nichte und ahnte nichts von den Anspielungen seiner Marie.

- *So, so denkt sie auch noch mal an mich*, sagte er beiläufig.
- *Wo wird sie an dich nicht denken, wo wird sie an dich nicht denken, schäkerst mit den Marielen herum, und dann schreiben sie dir Karten*, sprach Marie.

Dieser Abend war gelaufen, es kam zum fürchterlichen Streit zwischen den beiden, so dass *Czenenga* die Nerven verlor und seine Marie durchwalkte, was sie in ihrem Verdacht nur noch

43

bestärkte. Um eine Trennung zu verhindern, musste *Czenenga* ab sofort seine Marie auf die Baustellen mitnehmen, damit sie ein Auge auf ihn werfen konnte. Das passte jenem ganz und gar nicht, und er sann nach Abhilfe. Also kam er auf die Idee, die Sprossen der Leiter anzusägen, auf der Marie ihm den Mörtel nach oben schaffte. Kurzum, er setzte den Plan in die Tat um. Unter ihrer Last brach die Sprosse und sie stürzte zu Boden, wobei sie sich eine Rippe brach. *Czenengas* Plan ging auf, Marie blieb fortan zu Haus.

Paul, der Unheilstifter verliebte sich bald darauf. Sein Meister bekam Wind davon und züchtigte, seinen verliebten Lehrling, denn er war für die Zeit der Lehre auch sein Erziehungsberechtigter, so war das damals. Während er Paul züchtigte, sprach er die „Zauberformel": - *Wer lieben will, muss leiden!* Daraufhin packte Paul bei Nacht und Nebel seinen Koffer und flüchtete nach Hause. Am nächsten Morgen erzählte er seinem Vater, der Meister habe ihm für gut geleistete Arbeit einen Tag frei gegeben. Paul wollte nicht gleich die Katze aus dem Sack lassen, doch bald darauf fand Pauls Vater die Koffer in der Scheune. Jener spannte schließlich das Pferd an, lud den Koffer samt Paul auf den Wagen und zurück ging's zum Meister. Die Liebe war futsch, aber Paul hatte daraus gelernt und ausgelernt.

Ein schlechtes Omen war, wenn sich ein Bauer auf eine Geschäftsreise begab, und ihm als erste Person eine Frau begegnete. Für Pessimisten und Abergläubige war stets die erste Begegnung mit

44

dem weiblichen Wesen an einem misslungenen Geschäft schuld. Dieser Brauch war weit und breit in Masuren bekannt. Daran glaubten nicht nur die Männer, sondern auch die Freuen, ihre Artgenossinnen. Eine ziemlich kuriose Sitte, wie vieles andere.

***

Diverse Bräuche in Ostpreußen waren der Silvesterschabernack und das einander Begießen mit reichlich Wasser an Ostern. In der Silvesternacht zogen junge Burschen durchs Dorf und schmierten die Fensterscheiben der Wohnhäuser mit einem Gemisch aus Asche und Wasser zu. Wenn der oder andere morgens aufwachte, dachte er, es sei noch Nacht. Das Saubermachen der Schmiererei machte dazu im Winter besondere „Freude". Dem Schabernack an Silvester waren keine Grenzen gesetzt, Plumpshäuschen und andere nicht fest fixierte Gegenstände wechselten ihren Standort und mussten erst vom Eigentümer gefunden werden. So mancher Pferdeschlitten stand am nächsten Morgen auf dem strohgedeckten Dach irgendeiner Kate.

***

Glaube und Aberglaube waren in Masuren fest verwurzelt. Eingeschüchtert durch Erzählungen über Spuk und Hexerei trugen dazu bei, dass ich Angst hatte, allein in finsteren Räumen zu verweilen. Mein größter Albtraum war der Schornsteinfeger, der war ja auch schwarz. Am häufigsten wurde über die

Mara (deutsch Mahr) erzählt, die nachts die Menschen quälte. Ein polnischer jugendlicher, der als Zwangsarbeiter meiner Großmutter als Landhelfer während des Zweiten Weltkrieges zugeteilt war, erzählte über die *Mara* haarsträubende Geschichten. Eines Nachts sei sie ihm erschienen und steckte ihre Zunge in seinen Mund, dabei habe er glaubt ersticken zu müssen. Aus diesem Anlass habe er sich am folgenden Abend umgekehrt zum Schlafen gelegt, da er ihre Wiederkehr befürchtete. Die *Mara* kam tatsächlich und steckte ihre Zunge in seinen Po und das machte sie rasend, weil sie einen entsetzlich bitteren Geschmack in ihrem Maul verspürte. Aus Rache kam sie in der darauffolgenden Nacht mit einem langen Messer wieder. Und da er sie erwartete, hatte, habe er sich unters Bett zum Schlafen gelegt. Sein Bett präparierte er mit dem Kopfkissen unter die Bettdecke. Und wirklich, im Glauben, dass er sich unter der Bettdecke befindet, stach sie mehrmals in die Bettdecke, traf aber nur das Kopfkissen. Dieses präsentierte er am nächsten Morgen als Beweis für seine Geschichte. Nachdem ich zu einem späteren Zeitpunkt von dieser Geschichte erfahren hatte, ich war vielleicht neun/zehn Jahre alt, da wurde meine Angst von der *Mara* noch größer. Es beschäftigte mich derart, dass ich einen Ledergurt ins Bett nahm, mit dem ich mich gegebenenfalls verteidigen konnte. In dieser Nacht kam die *Mara* wirklich zu mir. Ich wurde steif wie ein Brett, konnte kein Glied bewegen, und meine Stimme versagte total, so dass ich keinen Hilferuf hervorzubringen im Stande war. Das Ganze dauerte nur wenige Minuten oder vielleicht Sekunden, so genau konnte ich das nicht abschätzen, aber sie war tatsächlich da. Gesehen hatte ich sie natürlich nicht, aber gespürt. Vielleicht war es ja auch nur ein Traum, ein Albtraum, weil ich mich am Vortag damit zu sehr gedanklich befasst hatte?

Sobald der Schornsteinfeger in unserer Umgebung auftauchte, verkroch ich mich ganz weit unters Bett bis zur Wand. Dort wartete ich bis die „Gefahr" vorüber war. Wenn die Unterhaltung mit jenem verstummte, kroch ich aus meinem Versteck hervor. Doch einmal wollte ich beweisen, dass ich keine Angst mehr hätte und versteckte mich nicht. Dem Schornsteinfeger muss jemand von der Familie über meine Angst etwas gesteckt haben. Und dann standen wir uns gegenüber, der Schornsteinfeger und ich. Und als mich der Schornsteinfeger ganz nah zu sich zog, pochte mir das Herz bis zum Hals, aber ich hielt dieser angsteinjagenden Begegnung stand. Danach versteckte ich mich nicht mehr. Meine kleine Schwester hingegen fühlte sich in den Armen des Schornsteinfegers alles andere als verängstigt; sie lachte laut und genoss es, so hoch oben auf den Armen des großen, schwarzen Mannes zu weilen.

Das Leben nach den Russen

In den ersten Jahren nach Abzug der sowjetischen Truppen aus Ostpreußen hatte der Tod zahlreiche alte Menschen dahingerafft. Meist starben sie an Unterernährung und wegen fehlender ärztlicher Versorgung. Hie und da nahm sich der Eine oder der Andere aus Angst vor der Zukunft oder aus Gram wegen seiner verlorengegangenen Familie das Leben. In den meisten Fällen war das Tötungswerkzeug der Strick. Auf diese Weise hatte auch der alte *Jeworek* seinem Leben an einem Querbalken in einer kleinen Feldscheune auf dem Grundstück der Freundin meiner Oma ein Ende gesetzt. Dieser Schuppen wurde bald darauf zum Hort des Unglücks, und um zu verhindern, dass er Nachahmer finden könnte, abgerissen. Bald nach diesem Ereignis besuchte uns der Sohn der Freundin meiner Oma und berichtete, dass die *Kulikklause* kaputt sei, denn so hieß die kleine Feldscheune im Volksmund, deren Wände aus Lehm bestanden und das Dach strohgedeckt war. Hier im Dorf standen auch einige alte Häuser, besser gesagt Hütten oder Katen aus Lehm und waren strohgedeckt.

Allmählich etablierte der polnische Staat seine Regentschaft in Masuren und es gab mit der Zeit wieder Lebensmittel zu kaufen, wenn auch meist nur in beschränktem Umfang und auf Lebensmittelkarten. Zuzüglich hatte die UNRA Lebensmittelpakete nach Polen geschickt. Diese Pakete wurden nur an Polen und sogenannte Autochthonen verteilt. Als Autochthonen hatte die

48

polnische Regierung den in Polen verbliebenen Teil der deutschen Bevölkerung bezeichnet, der für Polen optiert hatte, das heißt, man musste eine Erklärung unterschreiben, dass man sich zum Beispiel zum „Mazur" (für Ostpreußen) bzw. zum „Śląsak" (Schlesier) bekannte. Das war der Beginn der Polnisierung der durch die Kriegseinwirkung zwangsläufig in Polen verbliebenen deutschen Bevölkerung. Diese Maßnahmen wurden im Laufe der nächsten Monate erfolgreich fortgesetzt. Einige der dort Ansässigen hatten sich geweigert, solche Optionen zu unterzeichnen, was immer eine Einschränkung ihres Lebensstandards nach sich zog. Nicht selten wurden diese von der Miliz (so wurde damals die polnische Polizei genannt) abgeholt und manchmal auch mehrere Tage oder Wochen irgendwo eingesperrt. Meine Großmutter, eine kluge und vorausschauende Frau, hatte sich auf den Kuhhandel mit den Polen eingelassen, ohne jedoch ihre wahre Gesinnung aufzugeben. Wir waren drei Kinder im Alter von drei bis zehn Jahren, dazu meine Mutter und zwei Urgroßeltern. Die Ernährung ihrer Schutzbefohlenen hatte für meine Oma Priorität. Die für Polen optiert hatten, konnten in den Folgejahren Nutzvieh erwerben, zum Beispiel eine Kuh und ein Pferd, die vom polnischen Staat subventioniert wurden. Diejenigen, die sich nicht „polnisieren" ließen, hatten immer das Nachsehen. Sie kamen immer zu kurz, insbesondere ihre Kinder. Da Schulpflicht bestand, hatten viele nur so zwischen vier bis fünf Klassen der zur damaligen Zeit üblichen

7-klassigen Volksschule erreicht. Die Umstände des zu Ende gegangenen Krieges führten dazu, dass der Altersunterschied zwischen den Schülern in einer Klasse bis zu vier Jahren betrug. Auf dem Schulhof wurde hauptsächlich Deutsch gesprochen, weil die polnischen Kinder in der Minderheit waren. Meine Lehrerin, *pani Helena*, nahm keinen Anstoß daran. Ihre Tochter, meine Altersgenossin, sprach einen einwandfreien ostpreußisch-deutschen Dialekt. Man hatte sie Mariechen statt Marysia, wie es polnisch üblich gewesen wäre, genannt. Dass in unserem Dorf während meiner Schulzeit deutsch gesprochen wurde, lag nicht zuletzt daran, dass wir abseits jeglicher Zivilisation lagen. In größeren Ortschaften, in denen der Polenanteil überwog, sah es natürlich anders aus. Die dortigen Lehrer achteten darauf, dass in den Pausen auf dem Schulhof polnisch gesprochen wurde. Verstöße wurden allerdings nur mit Zurechtweisungen gemaßregelt, so in der Art: „Wer spricht denn da schon wieder französisch!?" Im Großen und Ganzen hielt sich der Zorn der Polen gegenüber der deutschen Bevölkerung in Grenzen. Fairnesshalber muss erwähnt werden, dass das damalige Deutsche Reich am 01.09.1939 Polen überfallen hatte und durch den sogenannten Ribbentrop-Molotow-Pakt Polen seine Existenz verloren hatte. Dieser Umstand schien stark genug zu sein, um die Deutschen zu hassen. Doch von einzelnen Übergriffen abgesehen, verhielten sich die Polen geradezu vorbildlich. Allerdings gab es unmittelbar nach dem Russenabzug sporadisch nächtliche Raubzüge durch die

Bauernhöfe der Ortsansässigen, weil in den Scheunen und Schuppen Landmaschinen und Gerätschaften herumstanden. Irgendwann hörten die Raubzüge endlich auf. In relativ kurzer Zeit gab es zwischen den Polen und den Deutschen, die natürlich bald alle zwangsläufig von der polnischen Regierung zu polnischen Staatsbürgern erklärt worden waren, freundschaftliche Beziehungen und wie auf dem Lande üblich Nachbarschaftshilfe, ungeachtet der Volkszugehörigkeit. Hinter vorgehaltener Hand frotzelte man einander, was von deutscher Seite viel stärker zum Ausdruck kam - verständlich, die Polen waren nur die „Besatzer", doch aus Sicht der Deutschen fehlte es ihnen an einigen Fähigkeiten und Erfahrungen, *die kriegen doch noscht zustande*, hieß es. Mein Großonkel belächelte oft die polnischen Erzeugnisse, die man den damaligen deutschen nicht gleichsetzen konnte, denn die waren letztlich nur *drschizki z bilizki (*Türchen aus Beifuß*),* und schon von vornherein nicht zu gebrauchen. Also war der Begriff „*Polski Wyrób*" oder „Made in Poland" etwas Minderwertiges. Hinzu kam, dass einzelne neu zugezogene Polen ein „Nomadenleben" führten. Sobald sie einen von Deutschen verlassenen Hof nach der Inbesitznahme heruntergewirtschaftet und die dazu vom Staat erhaltene Subvention verpulvert hatten, suchten sie sich ein neues Domizil, und das ganze ging von Neuem los, bis kein Hof mehr zur Verfügung stand und sie wieder nach Zentralpolen abzogen.

Nach und nach kehrte Ruhe ein, langsam gewöhnte man sich aneinander. Hier und da wurden in der Folgezeit zwischen Polen und Deutschen Ehen geschlossen. Man besuchte sich gegenseitig, feierte gemeinsam Feste, echte Freundschaften waren entstanden. Die ostpreußische Jugend passte sich im Laufe der Zeit immer mehr den polnischen Gepflogenheiten an. Man wollte dabei sein, sprach inzwischen reines Polnisch, zumindest versuchte man, sich richtig auszudrücken und nicht das masurische Wasserpolnisch in den Vordergrund zu rücken. Männer im wehrfähigen Alter mussten polnischen Wehrdienst leisten, so auch mein Bruder Karl-Heinz, er diente zwei Jahre bei der polnischen Luftwaffe, fern der Heimat. Karl-Heinz wäre gern Offizier geworden, denn er war auf einer „besseren" Schule, wie man damals zu sagen pflegte. Daraus wurde allerdings nichts, weil er deutscher Abstammung war. Trotz aller Eingliederungsversuche war die polnische Regierung dennoch bedacht, diejenigen, die nicht aufgrund der Geburt Polen waren, von sicherheitsempfindlichen Bereichen fernzuhalten, aber das konnte damals ein „Offiziersbewerber" deutscher Herkunft nicht wissen. Polnischen Offizieren, die eine deutschstämmige geheiratet hatten, war in der Regel eine Militärkarriere nur bis zum Dienstgrad Hauptmann beschieden.

Die größte Ausreisewelle der deutschen Bevölkerung aus Ostpreußen vollzog sich von Ende der vierziger bis Anfang der sechziger Jahre. Zuerst waren es die sogenannten Flüchtlinge aus dem Kreis Treuburg, die ja ihr Eigentum im Zuge der Flucht vor der Sowjetarmee in den Kreis Sensburg verloren hatten. Ihre Höfe hatte die neue polnische Regierung inzwischen mit Polen oder mit eigenen Flüchtlingen, die aus den von der Sowjetunion besetzten ehemaligen polnischen Gebieten kamen, besetzt. Später folgten auch *Kulikhausener* in den Westen, denen es nicht besonders gut ging, weil die meisten Familienväter nach ihrer Entlassung aus der Kriegsgefangenschaft in der Bundesrepublik verblieben waren. Einige Väter aber kamen zu ihren Familien zurück und versuchten ihre Höfe wieder zu bewirtschaften, so gut es ging. Diese Gruppe war dann auch die letzte, welche sich für eine definitive Ausreise aus Polen entschlossen hatte. Verblieben sind nur ganz wenige. Die letzten *Kulikhausener* sind Ende der 60er Jahre in die DDR übersiedelt. Da sie keine Verwandten in der Bundesrepublik Deutschland hatten, kam die *Verordnung Familienzusammenführung* für sie nicht in Frage. Diesen Weg sind etwa sechs Familien aus *Kulikhausen* gegangen.

Seit Anfang der sechziger Jahre hatte der polnische Staat erkannt, dass bei ausreisewilligen Masuren noch etwas zu holen sei; ab dann konnte man aus Polen nur auswandern, wenn man seinen Besitz entweder einem Nachfolger oder aber dem polnischen Staat notariell übertragen hatte. Die Gebühr hatte natürlich der Übergebende zu tragen. So geschah es auch mit dem Hof meiner Großmutter. Davor hatte sich der polnische Staat um diese Angelegenheit nicht gekümmert. Nach heutigem Stand der polnischen Rechtsprechung sind diejenigen, die Polen vor diesem Dekret verlassen hatten, die rechtmäßigen Eigentümer ihrer in Ostpreußen zurückgelassenen Liegenschaften. Einige versuchen derzeit ihr in Polen zurückgelassenes Eigentum über polnische Gerichte wiederzubekommen, und in Einzelfällen hatten sie damit auch Erfolg, insofern sie noch im Grundbuch als Eigentümer eingetragen waren. Unseren Hof, den meine Großmutter notariell dem polnischen Staat verschreiben musste, um 1965 in die Bundesrepublik Deutschland ausreisen zu dürfen, „versuchen" mehr schlecht als recht sogenannte Repatrianten zu bewirtschaften, die erst Ende der fünfziger Jahre aus der Sowjetunion nach Polen ausreisen durften.

Die Neuauflage meines Heimatdorfes nach der Machtergreifung durch die Polnische Volksrepublik in Masuren

Kulikhausen, das nunmehr *Kulikowo* hieß, hatte einen veränderten Rahmen angenommen. Die Schule wurde polnisch, als Lehrerin wurde die von den Nazis zur Zwangsarbeit nach Masuren verschleppte Frau Helena bestellt. Sie stammte aus dem Raum *Wilna*, ihr Ehemann war polnischer Offizier, der in *Katyn* (jetzt Weißrussland) von den Sowjets ermordet wurde. Frau Helena hatte drei Kinder, zwei Söhne und eine Tochter. Ihre kleine Tochter, Jahrgang 1941, konnte sie nach Masuren mitbringen. Die Söhne waren bereits erwachsen und mussten in den Krieg. Zunächst galten sie als verschollen, sind dann aber mit Hilfe des Suchdienstes nach Jahren in England wiedergefunden worden. Frau Helena wurde trotz aller Umstände auch von der deutschen Bevölkerung als Lehrerin verehrt. Man nannte sie allgemein Pani, was auf masurisch eigentlich Herrin bedeutet, aber auf Polnisch einfach die Anrede für eine Frau ist. Die ursprünglichen Bewohner des Dorfes hatten sich ebenfalls verändert. Ca. 10 Familien kamen aus dem Kreis Treuburg, die vor den Russen geflüchtet waren, hatten sich in *Kulikowo* für einen ständigen Aufenthalt eingerichtet. Die Familienoberhäupter des Dorfes *Kulikhausen*, die in den Krieg ziehen mussten, waren nach Kriegsende aus Kriegsgefangenschaft in die neu entstandene Bundesrepublik Deutschland entlassen worden und blieben zunächst dort, wo sie Arbeit fanden. Niemand von denen wagte zunächst nach „Hause" zu gehen, von organisatorischen Hürden abgesehen. Erst Jahre später kamen sie nach und nach *Kulikowo* zurück. Mein Vater kam erst 1949, weil er vier Jahre in russischer Gefangenschaft verbringen musste. Einige Männer verblieben für immer in Deutschland, deren Frauen reisten zum Teil im Rahmen der Familienzusammenführung zu ihnen nach Deutschland aus. Einzelne blieben in Ostpreußen und hatten sich einem neuen Partner zugewandt, meistens einem Polen und dachten nicht daran, zu ihrem Angetrauten auszureisen.

All jene Männer, die nach Masuren zurückkehrten, hatten nach und nach ihre Bauernhöfe auf Vordermann gebracht, das heißt Vieh, Pferde und Saatgut beschafft und ihre Äcker so gut es ging bestellt. Ihnen hatte die polnische Regierung zwecks Wiederinbetriebnahme ihrer Höfe günstige Kredite gegeben, deren Rückzahlung kaum Probleme bereitete. Wer tüchtig war, kam bald auf die Beine. Es kann hier mit Fug und Recht gesagt werden, dass es den selbständigen Bauern in Polen nicht schlecht ging. Eigentlich konnte man in Polen für Geld alles erledigen, so zum Beispiel auch vom Wehrdienst zurückgestellt werden. Kurios erscheint es, dass die polnischen Funktionäre die „krummen Geschäfte" lieber mit den Einheimischen als mit ihren eigenen Landsleuten machten. Ohne Mauscheleien hätte ein selbständiger Bauer kaum Chancen zur erfolgreichen Führung seines Hofes gehabt. Das lag unter anderem daran, dass die kommunistische Staatsführung, eine Marionette der Sowjetunion, gehalten war, die Privatwirtschaft zu reglementieren, um sie auf diese Weise zum Zusammenschluss in eine RSP *Rolnicza Spóldzelnia Produkcyjna* - so genannte Kolchose - zu nötigen. In erster Linie mussten die Staatsgüter, die PGR *Panstwowe Gospodarstwo Rolne* (Staatlicher Landwirtschaftsbetrieb) und die RSP *Rolnicza Spóldzielnia Produkcyjna* (Landwirtschaftliche Produktionsgenossenschaft) mit landwirtschaftlichen Versorgungsgütern beliefert werden. Was übrig blieb, konnte an die selbstständigen Bauern verkauft werden. Die PGR waren auf den ehemaligen Landgütern entstanden, deren Eigentümer rechtzeitig die Flucht vor der herannahenden Sowjetarmee ergriffen hatten beziehungsweise beim Einmarsch der sowjetischen Truppen ermordet wurden. Nur wenige der früheren Güter wurden unter die so genannten *Repatrianten*, das sind Polen, die aus den ehemaligen polnischen Ostgebieten nach Ostpreußen umgesiedelt wurden, aufgeteilt. Diese Betriebe wurden dann bald meist unter Druck in RSP umgewandelt. Immerhin waren diese Menschen es bereits gewohnt, in einer Kolchose zu arbeiten, wo sie nicht selbstständig denken mussten, wie man einen Hof bewirtschaftet, so dass der eine oder andere über den freiwilligen Zwang vielleicht ganz froh war.

Der Staatsapparat des neuen polnischen Staates war inzwischen etabliert. Die Verhältnisse wurden immer stabiler, die nächtlichen Raubzüge der

Banden, welche die Höfe ausplünderten, gingen zunehmend zurück, das neue polnische Recht begann zu greifen. Es kam zu Gerichtsurteilen, deren Strafen verhältnismäßig hoch ausfielen. Dennoch taten sich die Einheimischen mit der neuen Situation schwer, aber es ging stetig aufwärts. Die im Ort verbliebenen Handwerker hatten ihre Tätigkeiten wieder aufgenommen, wenn auch nur mit halber Kraft: Tischlerei, Stellmacherei, Schmiede. Neu hinzu kamen zwei Schneider.

Ihre Agrarerzeugnisse konnten die Bauern in der Bauerngenossenschaft *GS = Gminna Spóldzeilnia samopomoc chłopska* (wörtlich Bauernselbshilfe der Gemarkung) einer staatlich gelenkten Einrichtung verkaufen, nachdem sie zuerst ihr vorgeschriebenes Kontingent hier an den Staat abgeliefert hatten. Von staatlicher Seite war festgelegt, wie viel Getreide jeder Bauer zu Festpreisen an den Staat abzuliefern hatte. Die Menge richtete sich nach der Größe des bewirtschafteten Nutzackers. Im *GS* konnten die Bauern auch Düngemittel, Steinkohle und Treibstoff kaufen. Auf freiwilliger Basis konnten sie Verträge zum Anbau von Zuckerrüben mit dem GS abschließen. Je nach abgelieferter Menge bekamen sie dafür Zucker und Zuckerrübenschnitzel fürs Vieh. Von dieser Praxis wurde reger Gebrauch gemacht.

Einen Sportverein gab es in *Kulikowo* nicht. Die Freiwillige Feuerwehr wurde 1957 wieder gegründet, zunächst mit der alten Viermann-handbetriebenen-Spritze, die noch aus der

58

Vorkriegszeit stammte. Im Ort selbst hatte es keine öffentlichen Verkehrsmittel gegeben. Im Bedarfsfall musste man in die Nachbarsorte gehen, je nach Wohnlage. Dort gab es eine Eisenbahn bzw. eine Busanbindung. Was allerdings die Bauern weniger aufregte, bewerkstelligten sie doch ihre Geschäftsreisen mit dem Pferdewagen. Mit diesem ließen sie sich auch bei Bedarf zum Bahnhof fahren.

Alles geht einmal zu Ende. Zu Beginn der sechziger Jahre begann in *Kulikowo* die Rezession. Der Schmied und die holzverarbeitenden Handwerker hatten es vorgezogen in die Bundesrepublik Deutschland zu übersiedeln. Es folgten die größeren Bauern, eigentlich alle, die die zuständigen Bewilligungsstellen zu schmieren in der Lage waren.

Gegen Ende der fünfziger bis Anfang der sechziger Jahre setzte der Exodus der selbständigen Bauern ein. Meist wanderten sie aus Altersgründen nach und nach zu ihren Verwandten nach Deutschland aus. Die verlassenen Höfe hatte die polnische Regierung mit der zweiten Welle der Repatrianten besetzt. Das Dorf, wie man es bislang kannte, war somit dem Untergang geweiht. Die neuen Einwanderer verstanden von der Landwirtschaft noch weniger als ihre Vorgänger der ersten Reihe.

Nach meiner Ausreise besuchte ich anlässlich meines 60. Geburtstags zum ersten Mal meine Heimat. Der erste Eindruck war zum Weinen. Alles, so schien es zumindest, war verändert. Die Häuser, Wege, die Hügel und auch sonst woran man sich erinnerte, schien viel kleiner zu sein als früher. Viele Gebäude waren verfallen oder es gab sie einfach nicht mehr, weil sich die Natur ihrer ermächtigt hatte und die übriggebliebene Ruine von Wildwuchs überwuchert war, und das, was noch vorhanden war, sich in einem erbärmlichen Zustand befand. Alles Grau in Grau, ein Gefühl der Beklemmung breitete sich in mir aus. Nichts wie weg hier, dachte ich. Während meines zweiten Polenbesuchs im Jahre 2008 sah es dort schon geordnet aus, wenn auch nicht überall. Im Allgemeinen konnte ich sehen, dass es irgendwie aufwärts ging. Doch es könnte auch der Schein trügen, denn diesmal hielt ich mich ganze zwei Tage in meiner angestammten Heimat auf; wahrscheinlich konnte ich mich an den dortigen Zustand gewöhnen, ihn akzeptieren. Mittlerweile besuchte ich meine alte Heimat fünfmal und von Mal zu Mal wurden der Heimatgefühle mehr. Ja, fühle mich mittlerweile dort mehr zu Hause als in meiner jetzigen Heimat, in der ich nun dreiviertel meines Lebens verbracht habe. Jedes Mal wenn ich Masuren besuche, heißt es für mich „nach Hause fahren!"

Teil II

Gib Pistole, ich schießen tot …

Es gibt nur Weniges, woran ich mich aus der Zeit des Zweiten Weltkrieges erinnern kann. Da stand einmal ein Auto in der Nähe unseres Hauses, dessen Motorhaube in einer ausgehobenen Erdnische stand. Da waren Soldaten. Wir waren zwei Jungs, mein älterer Bruder und ich und noch ein fremder kleiner Junge.

Es war Sommer 1944 und es gab Einquartierungen deutscher Truppen, die vor dem Vorstoß der Sowjetarmee auf dem Rückzug waren. Mit der Einquartierung kam auch ein russisches Ehepaar mit einem kleinen Jungen, namens Wanka, er war ca. fünf Jahren alt. Die Eltern waren russische Kollaborateure und mussten vor Stalins Armee flüchten. Der Knabe sprach gebrochen Deutsch, aber verständlich. Als am Himmel ein Kampfflugzeug auftauchte, sagte *Wanka*: „Gib mir Pistole, ich schießen tot!"

Meistens hing ich aber am Zipfel meiner Mutter, die mich Mausek nannte, was so viel wie eine kleine männliche Maus heißt und ein deutsches Wort mit einer polnischen Endung ist. Mit diesem Kosenamen hatte ich noch lange zu kämpfen, da meine Mutter mich auch in Anwesenheit fremder Personen so zu rufen pflegte. Mit zunehmendem Alter war es mir immer peinlicher geworden und mit meinem zurückhaltenden Wesen trieb es mir oft die

Röte ins Gesicht. Erst als ich schon ziemlich erwachsen war, begann ich mich dagegen zu wehren und das war ziemlich anstrengend. Es brauchte Zeit, bis meine Mutter Einsicht mit mir hatte, doch ganz aus der Welt war es einfach nicht zu schaffen, solange sie lebte.

Ein zweites Aufsehen erregendes Ereignis für mich, an das ich mich noch besser erinnern kann, war die Vorbereitung zur Flucht vor den immer näher heranrückenden Russen im Januar 1945. Man bespannte Pferdewagen mit Zeltplanen oder ähnlichen Webprodukten, um ein wenig Schutz vor der Kälte zu haben, denn es war Ende Januar und ziemlich starker Frost. Man erzählte mir später, dass ich voller Euphorie gewesen bin und immer: *flisten wir, flisten wir,* gerufen hätte: Ich hatte ja nicht den geringsten Schimmer, was das eigentlich bedeutete. Die „Mannschaft" auf dem Fluchtfuhrwerk war mein Urgroßvater, seine Tochter, also meine Oma, meine Mutter und mein vier Jahre älterer Bruder und ein sowjetischer Kriegsgefangener namens *Basil Dworak,* der als Landarbeiter meiner Großmutter zugeteilt war, die den Hof in Abwesenheit der Männer führte. Die Männer, das waren ihr Lebensgefährte und zugleich Schwager sowie mein Vater, beide waren Frontsoldaten. Basil war Weißrusse und sprach Polnisch, daher gab es so gut wie keine Verständigkeitsprobleme, da Großmutter das wasserpolnische Masurisch beherrschte. Es ist wichtig zu erwähnen, dass Basil nicht wie ein Gefangener oder Zwangsarbeiter behandelt wurde, denn er aß mit der ganzen Familie am Tisch und schlief auch im Haus. Solches war nur möglich, weil *Kulikhausen* abseits jeglicher Zivilisation lag, und unser Hof nochmal ca. einen km vom Ortskern entfernt. Eine direkte Sicht zum Dorf verdeckten Hügel. Vom Erzählen weiß ich, dass der Flüchtlingstreck nur mühsam vorankam und wegen der sich zurückziehenden deutschen Truppen immer wieder umgeleitet werden musste. So kam es, dass die Sowjetarmee den Treck im Norden statt im Westen nahe der Ortschaft Stirlak in der Nähe der Kleinstadt Rhein (heute Ryn) zum Stehen brachte. Es ist mir noch in Erinnerung, dass ich zusammen mit meinem Bruder, unserer Mutter und noch vielen anderen Menschen in einer Baracke bei Kerzenlicht saß und irgendwelche Kekse aß, als draußen Maschinengewehrfeuer losknatterte. Im Nachhinein erfuhr ich, dass es nach Hause nur mit einem Rodelschlitten ging, auf dem ich saß und der von den Familienangehörigen im Wechsel gezogen wurde, und dass ich ständig: *kalt, kalt, kalt* winselte. So oder ähnlich waren auch die anderen aus der Dorfgemeinschaft wieder nach Hause zurückgekehrt, insofern sie diese Fluchtepisode überlebt hatten. Die Fuhrwerke dieses Flüchtlingstrecks wurden dort von den sowjetischen Truppen beschlagnahmt. Zu Hause wieder angekommen, fanden wir die Urgroßmutter, die nicht flüchten wollte, krank und von den Russen misshandelt vor. Basil war nicht mehr bei uns, niemand wusste, welches Schicksal ihn dort ereilt hatte, möglicherweise der Tod, wenn nicht, dann sicherlich eine Verbannung durch Stalin ins Straflager. Wie man inzwischen weiß, hatte Stalin seine Armeeangehörigen, die in deutsche Gefangenschaft geraten waren, wegen Feigheit vor dem Feind in Straflager verbannt, die viele nicht überlebten.

Nachdem die Russen Ostpreußen besetzt hatten, brach eine schwere Zeit für die dortige Bevölkerung ein. Einzelne Soldatentrupps unternahmen Raubzüge zu den halbverwaisten Höfen und vergewaltigten bei dieser Gelegenheit junge Mädchen und Frauen, auch alte Frauen mussten gelegentlich daran glauben. Als ein Sowjetsoldat eine Frau mitzunehmen versuchte, kniete diese vor dem Bett, umspannte die gedrechselte Abschlußugel am oberen des Bettgestell und sprach: *Hebe dich weg von mir Satan.* Der Soldat stutzte und sagte: „*Schto ona molitsja?* (Was, sie betet?) und er ließ tatsächlich von ihr ab. So kam es, dass gegen Ende des Jahres 1945 einige Kinder geboren wurden, deren Väter sowjetische Soldaten waren. Ich erinnere mich noch gut daran, als auf unserer Wiese so ca. hundert Meter entfernt von unserem Haus eine sowjetische Einheit Quartier bezogen hatte. Während der Dauer des dortigen Aufenthalts zogen die sowjetischen Soldaten in der Umgebung umher, um ihrem Unwesen freien Lauf zu lassen. Wer sich ihnen in den Weg stellte, wurde kurzerhand erschossen. Insbesondere alte Männer, die Courage zeigten und gelegentlich provozierten. Mein Urgroßvater, der von einem Sowjetsoldaten wegen einer Uhr bedrängt wurde, entgegnete: *Hätte ich auch eine Uhrenfabrik, so würde ich es gar nicht schaffen, eurer Nachfrage nachzukommen.* Worauf der Russe entgegnete: „*Ich zeig's dir!* Gleich!* Darauf mein Urgroßvater: „*Ich weiß, hast ja bereits gestern dem Gnipp gezeigt und ihn erschossen!*"

Hinter der Scheune meines Nachbarn fand man drei männliche Leichen, die nach der kurzen Fluchtepisode an Ort und Stelle notdürftig beigesetzt wurden. Notdürftig, weil der Boden tief gefroren war und es aus Furcht vor den Russen schnell gehen musste. Davon hatte ich erst im Laufe folgender Jahre erfahren, als ich nach dem an dieser Stelle stehenden Holzkreuz fragte. Es gab auch Folterungen, und zwar an Personen, die NSDAP-Mitglieder waren, bzw. als solche verdächtigt wurden. Oft schossen die Russen auch wahllos umher. Unter diesen Umständen kam eine sechsfache Mutter, deren Kinder im Alter zwischen 4 und 18 Jahren waren, ums Leben. Auch ihr Leichnam wurde im Garten desselben Nachbarn notdürftig beigesetzt. Ihre sterblichen Überreste sowie die der drei Männer ruhen dort heute noch. Die jüngste Tochter, Gerda, war meine Spielgefährtin. In beiden erwähnten Fällen kamen diese Menschen aus dem Kreis Treuburg und waren vor den Russen auf der Flucht.

Viele junge Leute, Männer im Alter von sechzehn Jahren, die für den Hitlerkrieg noch zu jung waren, und junge Frauen, auch Mütter wurden zur Zwangsarbeit nach Russland verschleppt. Darunter war auch meine Tante, die ihren sechsjährigen Sohn zurücklassen musste. Ausgerechnet sie, die eine entschiedene Gegnerin des Hitlerregimes war; Ironie des Schicksals. Insgesamt wurden aus Kulikhausen 14 Personen nach Russland verschleppt, davon sind dort sechs Personen in Straflagern verstorben.

Die Treuburger kamen bereits Ende 1944 nach *Kulikhausen*, weil die Sowjetarmee sich diesem Kreis zuerst näherte. Man teilte diese Menschen familienweise auf die Bauernhäuser auf, wo sie bis zu ihrer Ausreise nach Deutschland Ende der vierziger bis in die fünfziger Jahre verblieben. Niemand von denen ist in seine angestammte Heimat zurückgekehrt. Die meisten sind in die Bundesrepublik ausgewandert, wie man es damals zu sagen pflegte. Der Begriff Aussiedler war damals nicht Usus man wanderte aus.

Viele alte Menschen starben in den ersten Jahren nach Kriegsende an Unterernährung oder aufgrund fehlender medizinischer Versorgung. Eine Hauptmahlzeit bestand in der Regel aus Brot und Kartoffeln. Das Korn wurde wie in der Antike mit dem Dreschflegel gedroschen und auf der *Sarni*/Quirl (einem von Hand gedrehten Mühlstein) gemahlen. Wegen der Kriegswirren lagerte in den Scheunen der Bauernfamilien genügend noch nicht gedroschenes Getreide. Fleisch und Fett war nicht zu haben, es sei denn, man fing einen Hasen oder ein anderes Kleintier, welches aber auch ziemlich mager war. Einmal war es Onkel Bögel, ein unser Treuburger Einquartierter, einen Dachs zu fangen gelungen. Es ist mir noch gut in Erinnerung, dass dieses Tier eine Menge Fett zum Braten geliefert hatte. Das selbstgebackene Brot wurde mit selbstgekochten Rübenkraut (Sirup) bestrichen. Viele hatten auch nicht einmal das. Ich hatte jedoch nie das Gefühl, mit einem hungrigen Magen ins Bett gehen zu müssen, und an Kindergeburtstagen gab es eine Portion Sirup extra.

Ich war eher ein ängstliches Kind, das den Erziehungsberechtigten kaum Sorge bereitete. Im Falle einer „Gesetzesübertretung" folgte die Strafe auf den Fuß, was meine Oma im „Handbetrieb" umgehend erledigte. Oma führte das Regiment und da musste sich auch meine Mutter, ihre Tochter, fügen. Auch andere Kinder zollten Oma Respekt, auch sie wurden verdroschen, insofern sie etwas ausgefressen hatten und von meiner Oma erwischt worden waren. Ältere Menschen besaßen das ungeschriebene Recht immer dann einzugreifen, „wenn die Moral aus den Fugen zu gleiten schien". Es ist mir kein Fall bekannt, dass sich Eltern aufregten, wenn ihrem Sprössling jemand die Ohren lang gezogen hatte, und Lehrer wurden sogar ermuntert, Strenge walten zu lassen. Man erzählte mir, dass ich einen Schutzautomatismus entwickelt hatte, um Züchtigungen abzuschrecken. Bekam ich „Senge", so erbrach ich mich sofort, was auf meine potenziellen Peiniger abschreckend wirkte. Von meiner Mutter hatte ich niemals auch nur eine Ohrfeige bekommen, denn ich war ihre allergrößte Seligmachung. Sie liebte mich abgöttisch und sie war immer für mich da, sobald sie sich von ihren sonstigen Pflichten, die auf einem Bauernhof zuhauf waren, freimachen konnte. Und so wuchs ich in Liebe umhüllt und vor allem Bösen abgeschirmt langsam heran. Letzteres war für meine spätere Entwicklung nicht gerade förderlich. Als im November 1945 meine Schwester zur Welt kam, wurde alles im Geheimen abgewickelt, wie in Ostpreußen üblich. Die bereits vorhandenen Kinder sollten nichts mitbekommen, wie der Neuzugang auf die Welt kommt. Deswegen kam meine kleine Schwester in *Kulikowo* zur Welt, das ca. einen fünfzehnminuten Fußweg beanspruchte. Eine sexuelle Aufklärung hatte es absolut nicht gegeben. Sex war eben Schweinekram, über den man nicht sprach, aber man tat ihn …

Gerda, meine Spielgefährtin, hatte noch fünf ältere Geschwister, Kinder deren Mutter von einer Russischen Gewehrkugel zu Tode kam. Diese sechs Kinder waren beim Nachbarn einquartiert worden. Sie hießen Edith (18), Hans (16), Frieda (13), Waltraud (9), Gisela (7) und Gerda (4). Die Kinder sind (1947) zu ihrem Vater, der nach seiner Kriegsgefangenschaft in Deutschland verblieben war, ausgereist. Beim selben Nachbarn war neben den Halbwaisenkindern auch die Familie Stubbek untergebracht. Es war ein älteres Ehepaar mit zwei erwachsenen Töchtern, von denen die ältere ein uneheliches Kind namens Monika hatte. Monika hatte angeblich ihr Dasein einer Vergewaltigung durch einen Polen zu verdanken, so wurde es zumindest von ihren Großeltern der Öffentlichkeit dargestellt. Uneheliche Kinder galten als Schandfleck der Familie. Auf dem Hof meiner Oma waren außer dem Ehepaar Bögel, die Witwe Tschipuch mit ihren zwei angenommenen Töchtern, Inge (15) und Waltraud (13) untergebracht.

Herr Bögel hatte neben meiner Großmutter das uneingeschränkte Sagen in unserem Hause, denn er war der einzige Mann, besaß Organisationstalent und trug somit zum Wohle der Dreifamilien-Hausgemeinschaft bei. So zum Beispiel organisierte er das Mahlen auf dem Quirl für die Allgemeinheit, die ihr Korn zum Schroten brachte. Die Kundschaft hatte für die Benutzung der Mühle einen gewissen Teil ihres Kornes als Entgelt abzugeben, das Herr Bögel, je nach Menge des zu mahlenden Korns den Kunden abknöpfte. Er war auch der *Müllermeister,* der sich um den Quirl kümmerte und in bestimmten Abständen die Mühlsteine mit einem Spezialhammer scharf hämmerte. Darüber hinaus betätigte er sich auch als Jäger, den man eher als Wilddieb sehen konnte, weil er mit Drahtschlingen Hasen fing oder manchmal auch mit einem Fangeisen einen Dachs, der dann auch noch Fett lieferte, wie zuvor erwähnt. Außer dem „Kontingentkorn" hatte die Familie auch noch eigenes Getreide, Roggen, Weizen, Hafer und Gerste. Die letzte Ernte von 1944 war eingebracht worden und die Scheune damit randvoll. Nur fehlten die notwendigen Maschinen zum Dreschen, diese waren bei nächtlichen Raubzügen der polnischen Banden abhanden gekommen. Aber auch hier wusste

Herr Bögel Rat. Er fertigte Dreschflegel an, die richtig professionell aussahen, ja wahre Kunstwerke waren. Man nahm also aus den Scheunenfächern Garben, breitete sie auf der Tenne aus, und dann kamen die Dreschflegel zum Einsatz. Sie wurden von Herrn Bögel und meiner Mutter im Zweiertakt geschwungen. Nachdem das Getreide gedroschen war, wurde es zusammengekehrt und von der Spreu mittels einer sogenannten Fuchtel, handgetriebenem Apparat, getrennt. Das Korn war jetzt zum Mahlen fertig. Das daraus gewonnene Produkt, war naturgemäß kein fertiges Mehl zum Backen, sondern Schrot, das man an die Schweine oder sonstige Nutztiere verfütterte. Es musste noch gesiebt werden, je nach Bedarf. Dennoch schmeckte das Brot vorzüglich und es war mit Sicherheit ein Naturprodukt. In der Regel wurde das Brot mit Rübensirup bestrichen, Butter gab es natürlich nicht. Zu Kindergeburtstagen gab es den Sirup in einer Tasse. Statt einer Geburtstagstorte gab es Plinsen, deren Teig halb und halb aus Mehl und gequetschten, gekochten Kartoffeln bestand und die auf der Herdplatte ohne Fett gebraten wurden. Und da man auf dem Lande lebte, gab es natürlich auch Gemüse.

Wenn meine Mutter und Herr Bögel das Korn droschen, durfte ich nicht zusehen, denn es war Winter und zu kalt, als dass sich ein Junge von vier Jahren für eine längere Zeit in der kalten Scheune aufhalten konnte. Mein vier Jahre älterer Bruder hatte mit meiner Neugier Erbarmen und beschloss eines Tages, mich in die Scheune einzuschleusen. Damit die anderen das nicht mitbekommen sollten, legte mich Heini im Innenraum der Scheune auf die Schwelle des Scheunentors, deckte mich mit einem leeren Sack zu und tarnte das Versteck mit Stroh. Mucksmäuschenstill harrte ich in meinem Versteck aus, rührte mich nicht und gab auch keinen Laut von mir, obwohl mich ein Hustenreiz quälte. So harrte ich eine gewisse Zeit in meinem Versteck aus, sah nichts, dafür aber bibberte ich vor Kälte. Endlich dann die Erlösung. Aus einem mir nicht bekannten Anlass trieb es plötzlich Herrn Bögel die Scheunentore zu öffnen. Dazu musste er einen ca. drei m langen Balken, der die beiden Scheunentore verriegelte, entfernen und trat auf die Schwelle. Doch leider genau auf meinen Körper. In Bauernkreisen sagte man, dass den Kleinkindern im Bettchen Steine auf die Brust gelegt werden, damit sie das Stöhnen rechtzeitig lernen. Für mich war die „Bögellast" allerdings zu schwer, und ich begann zu schreien. Somit war meine Stellung als heimlicher Beobachter beendet, und ich musste in die warme Stube zurückkehren.

Für unsere „Kleinstsiedlung" Neuhof waren wir recht viele Kinder, bunt gemischt und zwischen vier und zwölf Jahren alt. Wir spielten am liebsten auf dem Hof der Familie Berg. Sie war Eigentümer des größten Anteils des ehemaligen Gutes Neuhof und bewohnten das Herrenhaus. Alle Väter, auch Herr Berg, waren noch nicht nach Ende des Zweiten Weltkrieges aus den Gefangenschaften zurückgekehrt. Herr Berg blieb übrigens nach seiner

Entlassung aus der englischen Gefangenschaft in der Bundesrepublik Deutschland, wie auch manch anderer Vater, dessen Kinder mit der Mutter in Ostpreußen verblieben war, das jetzt unter polnischer Verwaltung stand. Frau Berg hatte einen sechsjährigen Sohn, Jorg, und lebte mit ihrer Mutter auf dem Hof. Weder sie noch ihre Mutter und schon gar nicht ihr Jorg sprachen das wasserpolnische Masurisch. Als Jorg schulpflichtig wurde, musste er praktisch eine neue Sprache erlernen, mit der er sich schwer tat. Seiner Mutter war nicht besonders an der polnischen Schule interessiert, sie gehörte zu der Gruppe, die sich der polnischen Obrigkeit nicht beugen wollte, was ihr eigentlich in der Bewältigung der Lebensumstände nur Nachteile brachte. Schließlich wollte sie auch, sobald es ging, zu ihrem Ehemann in den Westen. Dieser Wunsch ist ihr erst 1956 in Erfüllung gegangen. Natürlich hatte sich ihr Ehemann zu diesem Zeitpunkt bereits mit der Bäuerin arrangiert, auf deren Hof er als Landhelfer nach der Kriegsgefangenschaft eine Bleibe fand. Trotz aller anfänglichen Turbulenzen harrte Frau Berg aus und ihr Mann kehrte zu ihr zurück. Frau Berg war eben eine bewundernswerte starke, aber auch liebenswerte Frau.

Vor Bergs Scheune stand ein großer Landmaschinenschuppen, der voller Stroh war und die Gerätschaft vollends zudeckte. Unter den Landmaschinen hatten sich Gänge und Hohlräume gebildet. Wir Kinder hatten im Stroh Löcher gebuddelt und uns Höhlen unter dem dort noch vorhandenen Gerät gebaut. In einer dieser Höhlenlandschaft hatte ich mich mit Gerda „einquartiert". Gerda wohnte, wie bereits erwähnt, mit ihren Geschwistern bei der Familie Berg. Da es ein größeres Gutshaus mit vielen Zimmern war, auch im Dachboden war eine leere Wohnung, lud es die Kinder zum Spielen ein. Hier gab es einige verwinkelte Zimmer und Ecken, in denen man wunderbar spielen oder Doktorspiele machen konnte. Die Kinder bildeten Paare, Heini mit Waltraud, Jorg mit Gisela und Klaus mit Gerda. Natürlich gab es zwischen den Kindern auch oftmals Streit, der manchmal böse endete. Im Frühjahr, wenn die Schneeschmelze einsetzte, weichte der Boden oberflächlich auf, und da es keine geteerten Wege gab, wurden die Trampelpfade schmierig, so dass die Füße aus den nicht festen Schuhen rutschten und im Schlamm einfach stecken blieben. Mit nicht festen Schuhen sind Klumpen gemeint, genauer gesagt Halbklumpen. Das war selbstgemachtes Schuhwerk, das aus einer dicken Holzsohle und dem Obermaterial eines alten Lederschuhs bestand. Bei Halbklumpen/Schlorren dagegen war die Holzsohle mit einem selbst geformten zugeschnittenen Lederstück umspannt, so dass die Ferse meist frei war.

Es ist mir leider nicht mehr in Erinnerung, warum sich die folgende Geschichte zugetragen hatte. Jedenfalls kam es zwischen Heini und Waltraud zum heftigen Streit. Im Eifer des Gefechts riss schließlich Waltraud Heini die Mütze vom Kopf und warf sie einige Meter von sich. Heini stürzte seiner Mütze hinterher und blieb im aufgeweichten Boden stecken. Seine Klumpen musste er von Hand aus dem Schlamm herausziehen. Im Anschluss eilte er wutentbrannt auf Socken zu Waltraud und knallte ihr mit einem Klumpen so heftig gegen die Schläfe, dass sie sofort wie tot umfiel. Erst setzte eine Totenstille ein und dann das Entsetzen und großes Geschrei der umher stehenden Kinder. Den wohl größten Schock bekam ich, denn ich dachte, dass Waltraud nun tot sei und mein Bruder ins Gefängnis muss. Zum Glück wachte Waltraud bald darauf auf und alles schien nur ein böser Traum gewesen zu sein.

Die zuvor erwähnte Frau Tschipuch aus dem Kreis Treuburg bewohnte mit ihren zwei Mädchen, Inge und Waltraud das größte Zimmer in unserem Haus. Die beiden Fräulein spielten natürlich nicht mehr mit uns Kleinen und das reizte uns. So kam es, dass die Kleinen, sich immer etwas ausdachten, um jene auf die Palme zu bringen. Waltraud suchte sich eines Tages ein stilles Örtchen, wo sie unbeobachtet pieseln konnte. Das war der Meute nicht entgangen, und wir verfolgten sie auf Schritt und Tritt, wo sie sich auch niederzusetzen versuchte, waren wir schon da, um ihr grölend beim Geschäft zuzuschauen. Von der Hetzjagd entnervt, stand Waltraud schließlich auf, drückte ihr Becken nach vorn und pinkelte im weiten Strahl gen die lästige Kinderschar, die sich mit jaulendem Geschrei von ihr entfernte.

Die Schulzeit

Meine Einschulung geschah ohne Tüte und sonstigem Brimborium. Es war jetzt hier Polen, und man kannte diesen Brauch nicht. Heini, der bereits zur deutschen Zeit in die zweite Klasse ging, war längst wieder Schüler jetzt einer polnischen Schule. Da die Schule in *Kulikowo* anfangs nur über einen Klassenraum verfügte, wobei immer zwei Klassen parallel von einer Lehrkraft unterrichtet wurden, musste ich die ersten zwei Jahre an Nachmittagen die Schule besuchen. Am Vormittag wurden die 3. und 4. Klasse unterrichtet. Der Altersunterschied war in allen Klassen groß. Einige, die in der Vierten hätten sein müssen, waren erst in der Ersten. Schuld daran war in erster Linie der kürzlich zu Ende gegangene Krieg. Nicht alle Mütter hatten ihre Sprösslinge gleich nach Kriegsende in die Schule geschickt, weil sie erstens eine polnische Schule für ihre Kinder ablehnten und zweitens auf eine baldige Ausreisegenehmigung zu ihren Ehemännern nach Deutschland hofften. Es gingen Gerüchte umher, dass Ostpreußen wieder deutsch wird und man wollte abwarten, damit ihre Kinder erst gar nicht mit dem Polnischen anfangen mussten. Ein fataler Fehler, wie es sich erwiesen hatte. Dennoch waren es überwiegend Kinder deutscher Abstammung, die die Schule in *Kulikowo* besuchten. Und weil es so war, kamen auch Kinder aus den Nachbardörfern zu uns.

Obwohl ich ein schüchternes Kind war, fügte ich mich bald in die Klassenkameradschaft ein und wurde ein passabler Schüler. Wenn es mal mit dem Lernen nicht ganz so klappte, half meine Oma nach, indem sie mir den Hosenboden stramm zog. Diese Methode fand seiner Zeit viel Anwendung, denn die Alten hatten es ja nicht anders gelernt und der neuen Generation von ihren damaligen schulischen Errungenschaften sowie von der strafenden Hand ihrer Lehrer gern und ausführlich berichtet. Und sie waren auch der Überzeugung, dass es ihnen nicht geschadet hatte!

Meine Lehrerin Frau Helena war eine gewichtige, aber gutmütige Person; sie strafte ihre Zöglinge mit „Eckenstehen", wobei der Schüler mit dem Rücken zur Klasse stand und sich die kahle Wand anschauen musste. Je nach Schwere der Verfehlung musste der Büßer manchmal die Arme nach vorn strecken, um auf diese Weise eine „verschärfte Strafe" zu büßen. In minder schwereren Fällen gab es mit dem Lineal einen kräftigen Schlag auf die Handfläche. Offiziell war die Prügelstrafe in polnischen Schulen verboten. War es dennoch mal zu diesen Übergriffen gekommen, so hatten Lehrer von den Eltern ihrer Zöglinge in der Regel nichts zu befürchten. Jene erinnerten sich nur zu gut an ihre Schulzeit, wo es noch härter zuging, und so waren die Lehrer durch Stillschweigen geschützt, da sie ja nur das Beste für das Kind wollten.

Mich zog es mehr zu den älteren Mitschülern, so fühlte ich mich beschützt, und die profitierten von mir, indem ich ihnen mein Pausenbrot überließ. Die älteren Schüler, die im Normalfall mindestens zwei

Klassen über mir hätten sein müssen, kamen aus ärmlichen Familien. Zwischen den älteren Klassen und den niederen kam es während des Schichtwechsels zu argen Prügeleien. Einen triftigen Grund gab es dafür nicht. Es war wohl das übliche Kräftemessen unter den Buben. In der Praxis war es so, dass die Jungs aus den oberen Klassen nach der Schule auf die Ankömmlinge des Nachmittagsunterrichts trafen und diese verprügelten. Naturgemäß zogen wir Kleinen immer den Kürzeren. Doch die Rache folgte auf den Fuß. Einer meiner Mitschüler namens Erwin hatte einen älteren Bruder Horst, der auf einem Bauernhof direkt an der Dorfstraße und ca. 100 m von der Schule entfernt, als Knecht arbeitete. „Horst, der Rächer", hatte dann am darauf folgenden Tage die erlittenen Peinigungen der Kleinen den Übeltätern heimgezahlt. So mancher der Großen setzte dann seinen Nachhauseweg mit blutender Nase fort. Das wiederum bekamen dann am darauf folgenden Tage die Kleinen zu spüren. Eine alttestamentarische Geschichte: „Auge um Auge, Zahn um Zahn". Schließlich musste die Lehrerin ergreifen und ordnete an, dass die Großen so lange in der Schule bleiben mussten, bis die Kleinen eingetroffen waren.

Mein Freund und ich, der Nachbarsjunge Jorg, fast zwei Jahre älter, gingen in dieselbe Klasse. Der Schulweg war zu Fuß zurückzulegen, denn es waren ja auch nur ca. anderthalb Kilometer. Es ging zunächst durch den Garten und die Weide von Jorgs Eltern, dann weiter über einen Trampelpfad entlang des Ackerrains der Bauern Kosan und Norawski, weiter über den Feldweg zwischen den Äckern Lemmermann und Bunke und schließlich über die Wiese des Kleinbauers Gandoch, welcher in Onkelehe mit der eigentlichen Eigentümerin, Frau Palatzo, lebte. Paul Gandoch, der eigentlich auf den Vornamen Stefan getauft war, kam als polnischer Kriegsgefangener nach *Kulikhausen*. Da er damals noch recht jung war, lernte er bald Deutsch, aber insbesondere Masurisch und wurde zum vollen Mitglied der Gemeinde. Seine Einbürgerung als Deutscher stand kurz bevor, wäre da nicht ein kleines Missgeschick passiert. Paul hatte irgendwo eine Kleinigkeit mitgehen lassen, und es wurde gegen ihn polizeilich ermittelt. Aber inzwischen war der Krieg zu Ende und somit die Einbürgerung überflüssig, was Paul dann schließlich Vorteile brachte, denn er war ja Pole, und Masuren gehörte jetzt zu Polen. Paul blieb aber Paul wie er immer schon war, ein hilfsbereiter und liebenswerter Mensch, der weiterhin den masurischen Dialekt plapperte. Paul war es, der zuerst ein Pferd besaß und das gleich nach dem Krieg, und das war enorm. Paul wurde noch beliebter und er half, wo er konnte. Mit Sicherheit hatte er auch Frau Palatzo imponiert, deren Ehemann nach der Kriegsgefangenschaft in der Bundesrepublik Deutschland verblieben war. Mit seinem Pferd bestelle Paul nicht nur den Acker der Frau Palatzo, sondern transportierte auch so ziemlich alles für die Nachbarschaft, bis eines Tages das Pferd beim Holzfällen von einem Baum erschlagen wurde. Jetzt sorgte der Gaul, oder vielmehr was von ihm übrig geblieben war, auch noch als Fleischquelle für die Bevölkerung des jetzigen *Kulikowo*. Jeder, der nach Fleisch lechzte, kam um sich ein Stück seiner Wahl, natürlich solange der Vorrat reichte, abzusäbeln. Erstaunlich, wie viele da den Ekel vor Pferdefleisch verloren hatten. Pferdefleisch zu essen, war in Ostpreußen verpönt. Im Haus von Frau Hals herrschte Feststimmung, wäre da nicht ihre Schwester Frau Kaminski gewesen, die heulend in einer Ecke kauerte, weil sie im Nachhinein erfuhr, dass sie Pferdefleisch gegessen hatte. Zeugin dieser Szene wurde meine Mutter, die zufällig bei Frau Hals hereinschauen wollte, war jene doch die verlassene Frau ihres Onkels zweiten Grades. Da meine Mutter „den Braten" gerochen hatte und seine Herkunft kannte, drückte sie die Türklinke der Küchentür mit einem Stöckchen herunter, um ja nicht mit dem Pferdefleisch in Berührung zu kommen, und trat ein.

Als ich eingeschult wurde, war die Geschichte mit Pauls Pferd längst Vergangenheit, und es roch auch nicht mehr nach Pferdebraten, wenn ich auf meinem Schulweg vom Grundstück der Palatzos auf die Dorfstraße einbog. Gewöhnlich gingen wir zu zweit, mein älterer Freund und ich. Von hier war es nicht mehr weit bis zur Schule, vielleicht noch gut einen halben Kilometer. Etwa genauso weit war es zu mir nach Hause.

Von Natur aus war ich gutgläubig, ja fast ein bisschen naiv. Eines Tages, als ich allein auf dem Schulweg war und wegen der schneeverwehten

Feldwege die von Pferdeschlitten ausgefahrene Landstraße nehmen musste, sprach mich am Ortseingang Herr Niworski an. Er stand in der Toreinfahrt seines Anwesens und bemerkte sofort meine Unsicherheit. Allerdings hatte ich nur Angst vor seinen Hunden. Er hatte zwei große Schäferhunde, die mir jedes Mal das Fürchten lehrten, wenn ich an seiner Toreinfahrt vorbeikam. Sie befanden sich zwar im Hof, stürzten aber sofort bellend und zähnefletschend ans Tor, sobald ich mich dem Anwesen näherte. Herr Niworski, der aus dem Kreis Treuburg stammte, wies seine mich attackierende Hunde zurecht und tat so, als ob er auf mich warten würde. Nachdem ich zu ihm ehrfürchtig „guten Tag" gesagt hatte, fragte er mich, wohin ich denn wollte, worauf ich wahrheitsgetreu erwiderte, dass ich auf dem Weg zur Schule sei. Herr Niworski schaute mich ganz ernst an und sagte:

Junge, du kannst wieder nach Hause gehen, denn die Schule fällt für unbestimmte Zeit aus, wir haben da etwas ganz Wichtiges vor!

Etwas misstrauisch, aber dennoch gehorsam, denn so war ich erzogen, kehrte ich nach Hause zurück. Als mein großer Bruder nach dem Unterricht nach Hause kam, fragte er, warum denn der Kleine nicht in die Schule gekommen wäre. Dieser böse Scherz war mir eine Lehre, die mich in Zukunft misstrauischer vor irgendwelchen erfundenen Geschichten machte.

Eis, Schnee, Schneeverwehungen im Winter und das anschließende Tauwetter im Frühling und

Matsch auf den Wegen gehörten einfach zu Masuren, ja, zu Ostpreußen. Dafür sorgte das Kontinentalklima, welches dieses Land aus dem Osten stark beeinflusste. Den Schulweg in den Wintermonaten zu bewältigen, war oft ziemlich beschwerlich, wenn nicht sogar unmöglich. Der Winter hielt manchmal bereits in der zweiten Oktoberhälfte Einzug. Im Monat Dezember war es oft neblig und zu Weihnachten kehrte immer der Winter ein. Manchmal lag der Schnee meterhoch. Die kältesten Monate waren Januar und Februar, die das Thermometer bisweilen auf unter minus dreißig Grad fallen ließen.

Nach einem Schneegestöber vor unserem Haus

Unser Haus heute 2024

Die eiskalten, aber trockenen Winter ließen die Kälte nicht so aggressiv spüren und machten sie erträglicher. In der zweiten Winterhälfte gab es gewöhnlich starke Schneegestöber, die stundenlang wüteten, und der starke Wind erinnerte an das Heulen von Wölfen. In diesen Augenblicken war es besonders gemütlich am warmen Ofen beim Licht einer Petroleumlampe zu sitzen, und den draußen heulenden Winden zuzuhören. Diese Schneegestöber dauerten manchmal Stunden, ja sogar Tage. Ein solches Wetter ist mir noch gut in Erinnerung geblieben, als ich einmal aus der der Schule kommend von einem galoppierenden Pferd überrannt wurde. Dabei verspürte ich einen mächtigen Tritt in meinem Rücken. Offensichtlich hatte der Reiter bei diesem Wetter gar nicht bemerkt, dass er über mich hinweg galoppierte. Zum Glück war mir nichts Ernstes passiert.

Apropos Wölfe, die hatte es damals in Masuren bereits tatsächlich gegeben. Eines Tages, als ich mich von der Schule auf dem Heimweg befand, sah ich einen. Er strich über den mit Schnee bedeckten Acker und blieb stehen, als er mich kommen sah. Das Tier sah wie ein großer Wolfshund aus, den Hunden von Herrn Niworski ähnelnd. Wir schauten uns beide an, das Herz rutschte mir in die Hose, und ich erstarrte vor Schreck. Nach einer Weile setzte das Tier aber seinen Gang fort. Das Ganze spielte sich nur ca. hundert Meter von *Bergs* Hof ab. In den Sommermonaten hatten Wölfe ab und an weidende Schafe gerissen.

Im Frühling, wenn die Schneeschmelze einsetzte, waren die Wege voller Pfützen, wegen des noch gefrorenen Bodens konnte das Wasser nicht versickern. In den Pfützen konnte man in Gummistiefeln herrlich herumwaten, Gräben zwischen den Pfützen ziehen, ja sogar Schiffchen darin fahren lassen. Ich fand es lustig, auf dem Nachhauseweg zu trödeln, bis ich kalte Füße bekam, und dann ging es nach Hause, wo mich meine Oma mit eindringlich mahnenden Worten erwartete. Oma war für alles zuständig.

Einmal, es war bereits warm, begegnete mir auf dem Schulweg Emma Leimann. Emma war schon erwachsen, aber sie war nicht „richtig" im Kopf, so sprach man im Dorf. Alle kannten Emma, auch ich, aber eher vom Hörensagen. Ich bekam es mit der Angst zu tun, was sollte ich nur tun? Mitten im Feld war weit und breit niemand zu sehen, der mir zur Hilfe hätte eilen können. Tapfer mit bebendem Herzen schritt ich auf meinem Pfad Emma entgegen. Emma, die unentwegt Grasbüschel abzupfte, um sie sofort wieder wegzuwerfen, kam auf mich zu. Im Stillen betete ich zum lieben Gott, er möge mich beschützen. Und dann, ging Emma ganz nah an mir vorbei, ja sie schaute mich noch nicht einmal an. Gottlob, die Sache war ausgestanden, dennoch drehte ich mich nicht nach ihr um, man konnte ja nicht wissen. Zu einem späteren Zeitpunkt kam Emma in eine Heilanstalt und ward nie mehr gesehen.

Anders war es dagegen im Sommer, wenn der Unterricht aus war, und wir, mein Freund Jorg und ich über die Feldwege nach Hause trödelten. Wir hatten Zeit, schauten mal in diesen mal in jenen Tümpel hinein. Gelegentlich kam es vor, dass wir in der freien Natur kacken mussten. Nur peinlich war es dann, wenn am Hügel unerwartet jemand auftauchte und unsere „Ruhe störte". So kam es vor, dass in Eile der Haufen auf den Hosenträgern landete. War das erst eine riesen Sauerei, die Hosenträger ohne Wasser einigermaßen wieder sauber zu bekommen.

Besonders Bunkes Teich bereitete den Dorfjungen Vergnügen. Im Sommer an heißen Tagen bot er eine willkommene Abkühlung. Er war nicht tief und für Nichtschwimmer bestens geeignet. Sein Boden war voller Morast, so dass es sich mehr um ein Moorbad als um normales Baden handelte. Wenn am Teich die Knabenmeute nackt versammelt war, und der Bauer Norawski zu seinem Acker unterwegs war, kam er genau am Teich vorbei und, um einfach seinen Spaß zu haben und den Knaben Angst einzujagen, rief er: „Jetzt seid ihr dran, jetzt werde ich euch die Eier abschneiden!" Alle Knaben nahmen dann Reißaus, ohne sich um die Anziehsachen zu kümmern. Norawski war berühmt berüchtigt, weil er im Dorf bei fast allen Bauern Ferkel kastrierte.

***

Inzwischen war ich ein mittlerer Schüler geworden. Nachsitzen kam selten vor, manchmal musste ich aber in der Ecke stehen meist wegen meines Geschnatters mit meinen Nachbarn in den Schulbänken. Allerdings konnte ich gut zeichnen und malen und das brachte mir Anerkennung. Zu feierlichen Anlässen, wie der *1. Mai* oder die *Große Oktoberrevolution* mussten Transparente mit verschiedenen Losungen auf kommunistische und politische Führer gefertigt werden. Ich war es, der die dafür benötigten Buchstaben zeichnete, wobei die anderen diese ausschneiden und auf die Transparente kleben mussten. In dieser Position fühlte ich mich wohl, ja sogar ein wenig stolz.

Die Feierlichkeiten am 1. Mai zum *Tag der Arbeit* waren von besonderer Art. Zur Maimanifestation waren die Bauern verpflichtet, Pferdefuhrwerke, die mit Girlanden aus gerade gesprossenen Birken, also mit frischem Grün geschmückt wurden, zu stellen. Diese fuhren am Morgen des 1. Mai vor die Schule und die Schüler nahmen mit roten und weißroten Fähnchen und mit den gefertigten Transparenten in den Händen darin Platz. Dazu gesellte sich dann noch die Dorfjugend. Mit Gesang ging es dann auf die ca. 15 km lange Reise in die Kleinstadt Nikolaiken, wo alle Festteilnehmer aus den umliegenden Dörfern zusammen kamen. Auf dem Vorplatz der Schule traten alle geordnet an, um den kommunistischen Rednern, die nacheinander ihre enthusiastischen Reden auf den Sozialismus abhielten, zuzuhören und zu gegebenen Abläufen Hochrufe auf die politischen Führer Polens und der Sowjetunion zu erheben. Gegen ein Uhr mittags war der Zauber vorbei, und die Heimreise wurde angetreten. Für die Kinder und Jugendliche war das mehr eine unterhaltsame Abwechslung als eine Huldigung der politischen Verhältnisse. Für die Bauern, die verpflichtet wurden, ihre Fahrzeuge zur Verfügung zu stellen, war es ein verlorener Arbeitstag, den sie sich aber immerhin mit ein paar Schnäpsen oder Bieren in Nikolaiken versüßen konnten. Einmal kam es kurz vor der Abfahrt zur Demo zu einem „Eklat". Der 1. Mai fiel auf einen Sonntag und es befanden sich einige alte Frauen auf dem Kirchgang. Als eine der Frauen ihren Enkel, es war mein Cousin, der ausgerechnet noch eine kommunistische Fahne in den Händen hielt, auf einem der „Paradewagen" erblickte, war es für dessen Oma zu viel des Guten. Sie ahnte von dem Vorhaben ihres Enkels nichts und sie war seine Erziehungsberechtigte, da meine Tante von den Russen verschleppt worden war und dort in einem

Arbeitslager verstarb. Voller Zorn rief sie ihm auf Masurisch zu: - *Daj ni to Fahne, co ci nio ten łeb rozszepche!* Das heißt: - „Gib mir die Fahne her, damit ich dir damit deinen Schädel spalte!" Der Enkel aber scherte sich nicht um seine Oma und setzte sein Reiseziel durch. Niemand der anwesenden Erwachsenen, nicht einmal die Mitglieder der *Polnischen Vereinigten Arbeiterpartei* (kommunistische Partei) nahmen an der Schimpfkanonade der alten Frau Anstoß, wenngleich hier eigentlich die Symbole des Staates beleidigt wurden sind, aber so war das Leben in *Kulikowo*. Am Abend des Maifeiertages wurde in manchen Dörfern zum Tanz aufgespielt, wobei der Alkohol in Strömen floss und das Ganze oft am Ende mit einer Schlägerei und manchmal auch mit Schwerverletzten endete

Da es in der Regel zum 1. Mai noch relativ kalt war, musste man sich gut anziehen und natürlich eine Kopfbedeckung tragen. Es stellte sich heraus, dass mein Bruder und ich gerade keine passenden Mützen hatten. Also mussten schnellstens welche her. Im Nachbardorf, das bereits zum Kreis *Pisz* gehörte und nur noch eine Handvoll Deutsche hatte - die anderen wurden unmittelbar nach Ende des Krieges zwangsausgesiedelt - lebte ein Schneider mit seiner Frau. Meine Großmutter pflegte gute Beziehung mit diesem Ehepaar. Also schickte uns die Oma kurz entschlossen zu diesen Leuten, damit sie schnellstens die Mützen für uns nähen sollten. Als wir dort ankamen, war der Schneider allein und empfing uns ziemlich unfreundlich. Ständig murmelte er etwas unter der Nase, nahm aber dennoch Maß. Nachdem er bei mir Maß genommen hatte, sagte er: „*Na schpaschje, taki mawhly schurek, a taki duzy whleb!*" was so viel wie - „Spaß lass nach, so ein kleiner Bengel und so ein großer Schädel"- bedeutet. Erst nach genauerem Hinsehen bemerkte er, dass an seinem Maßband eine Seite abgerissen war. Der Meister sprach mit uns Buben in einem rüden wasserpolnischen Ton und machte uns keine Hoffnung, dass die Mützen rechtzeitig fertig werden könnten. Es geschah dennoch ein Wunder, in den frühen Morgenstunden des 1. Mai stand Frau Meisterin mit den fertigen Mützen vor unserer Tür und entschuldigte sich mehrmals, dass ihr Mann die Buben so schlecht behandelt hatte, denn er glaubte, die Buben eines anderen Kunden vor sich zu haben - eines Polen - der noch offene Rechnungen bei ihm hatte. Selbstverständlich war Oma nicht verärgert, denn der 1. Mai war ihr sowieso Schnuppe, und die ganze Familie lachte noch eine lange Zeit über den lustigen Empfang, welchen der Schneider den Buben bereitet hatte.

Übrigens, mein Bruder besuchte in diesem Nachbardorf die Volksschule und hatte dort nur polnische Schulfreunde, man besuchte sich gegenseitig. Unter diesen Umständen hatten auch meine Eltern mit den Eltern der polnischen Kinder Kontakt.

Wie im damaligen kommunistischen Machtbereich üblich, wurden die Schulen zu Gemeinschaftsarbeiten, wie zum Beispiel bei der

Kartoffelernte auf den Staatsgütern *PGR* oder bei den Waldaufforstungen im Staatsforst eingesetzt. Diese Aktionen dauerten nicht länger als jeweils drei Tage an einem Stück. Den Schulkindern, das waren nur die älteren Klassen, bereiteten diese Einsätze eigentlich Freude, man wurde relativ gut verpflegt und bekam nach Abschluss oft ein Geschenk für die Schule, meistens in Form eines Fußballs oder eines Volleyballnetzes, was für damaligen Verhältnisse wertgeschätzt wurde. Die Dorfschulen waren seiner Zeit nur unzureichend mit Sportgeräten ausgestattet. Das Kartoffelauflesen war für die Schüler von zweitrangiger Bedeutung; Spaß machte allerdings das Schäkern mit den Mädchen, um sich etwas näher zu kommen, sie in neutraler Umgebung besser kennenzulernen. Ich hatte ein Auge auf Elfriede geworfen, sie aber zeigte mir nur die kalte Schulter, verhielt sich allerdings als Mitschülerin sehr kollegial.

Das Talent zum Zeichnen und Malen hatte ich wohl von meiner Mutter und sie von ihrem Vater geerbt. Mein mir unbekannter Großvater, der im ersten Weltkrieg bei Verdun gefallen ist, sorgte im Ersten Weltkrieg mit seinen Zeichnungen für ein wenig Zerstreuung in dem vom Tod geprägten Dasein in der Kompanie. Aber auch meine Schwester war im Malen nicht unbegabt, sie zeichnete hauptsächlich Schweine und zwar in meinen Schulheften. Eingeschult war sie noch nicht, hatte aber einen Drang zum Malen wie jedes Kind. Wenn ich meine Schulaufgaben machte, bemächtigte sie sich unbemerkt meiner Schulhefte und malte darin

Schweine. Doch war ihre Zeichenkunst noch nicht so perfekt, denn als ich zufällig die Schweine in meinem Heft entdeckte, schubste ich Heidi vom Hocker, und sie begann zu plärren. Auch ich fing an zu heulen, aber wegen der Schweine in meinem Heft. Unsere Oma, die dem Geschehen beiwohnte, versuchte mich zu beruhigen, ich sollte doch nicht um die Kleine weinen, denn es wäre ihr doch nichts Ernsthaftes geschehen. Nachdem sich allerdings Oma meine Hefte angesehen hatte, sagte sie: - „So, wie du das Heft führst, ist das Schwein dort am richtigen Platz". Wie dem auch sei, ein Künstler ist weder aus mir noch aus meiner Schwester geworden.

Bei Schulfesten wurde ich dann und wann mit irgendwelchen Rollen bedacht. Einmal spielte ich den *Cygan* im Theaterstück *Zielony dzban*. In diesem Stück musste ich meiner Partnerin einen grünen Krug zerschlagen, damit sie in ihrer Rolle mit einem weinenden Gesang glänzen konnte. Ein anderes Mal wurde ich einer Volkstanzgruppe zugeteilt, die den polnischen Volkstanz *Krakowiak* vorführen sollte. Dafür musste die Tanzgruppe einige Wochen üben. Die Übungsstunden waren am Nachmittag nach den Schulstunden angesetzt. Und da mein Elternhaus von der Schule, auf der ich mein letztes Schuljahr verbrachte, eine Stunde Fußweg entfernt war, blieb ich bis zur Probe dort. Aufgrund meiner Schamhaftigkeit hatte ich von meiner Rolle zu Hause natürlich nichts erzählt. *Ich, ein Junge im Alter von gerademal dreizehn Jahren sollte mit einem Mädchen tanzen, das konnte ich den Meinigen zu Hause nicht erzählen.* Ich dachte, man würde mich auslachen, insbesondere mein Vater, der nicht tanzen konnte. Meine Tanzpartnerin, ein hübsches Mädchen polnischer Abstammung imponierte mir schon, und so machte ich es auf eigene Faust. Der Unterricht endete um 13 Uhr, die Proben begannen aber erst um 15 Uhr und dauerten ca. eine halbe Stunde. Dann trat ich meinen Nachhauseweg an. Nun, es war inzwischen Spätherbst und um 15 Uhr setzte bereits die Abenddämmerung ein, bis ich nach Hause kam, war es bereits dunkel. Daheim war alles in großer Aufregung, was ist bloß mit dem Jungen passiert? Als ich endlich auftauchte, bekam ich eine fürchterliche Standpauke, man unterstellte mir, dass ich womöglich im Kino gewesen wäre. Doch Kino, wo gab es ein solches? Es gab doch nur dann und wann ein sogenanntes Mobilkino. Und da noch einige Dörfer nicht ans Stromnetz angeschlossen waren, wurde mit einem Zweitaktmotor angetriebenen Generator Strom erzeugt. So etwas wurde natürlich rechtzeitig bekannt gegeben, damit es genügend Zuschauer gab. Über mein Wegbleiben schwieg ich beharrlich, aber ich setzte mich zur Wehr, indem ich mit lauter Stimme brüllte: - *Na tsi ja buwhem w kinje, psiakrew, psiakrew!!* Das heißt auf Deutsch: Ja, wo soll ich denn im Kino gewesen sein? - und um der Sache Nachdruck zu verleihen - kam am Ende das Fluchwort *psiakrew,* was so viel heißt wie: Hundeblut. Das war zu viel, ja, das war Majestätsbeleidigung für meine Oma, was sie mit angeblichen Herzattacken kundtat:

Ja, *so ein unverschämter Bengel, nennt mich Hundeblut, eine bodenlose Frechheit*, entwich es ihren Lippen. Onkel Carl, der sowieso alles tat, was seine Marie sagte, musste dem frechen Bengel ins Gewissen reden - wie immer - ich gab klein bei und entschuldigte mich bei der Alten. Mit der Wahrheit kam ich trotzdem nicht heraus, weil es mir einfach peinlich war. Jedenfalls hatte ich es irgendwie fertig gebracht, dass die zuständige Lehrerin die Proben so legte, dass ich nicht mehr so spät nach Hause kam.

Wie alle anderen Bauernkinder musste ich natürlich neben meinen Hausaufgaben auch auf dem Hof mithelfen. Da gab es einiges zu tun, je nach Alter und Willen. Mein Bruder hatte es allerdings verstanden, sich davor zu drücken. Und da er stets in Abwehrstellung zu den Hilfstätigkeiten auf dem Hof stand, hatte man ihn kaum zu den Arbeiten aufgefordert, man ersparte sich lästigen Bitten und Aufforderungen, und der Kleine erledigte sowieso die ihm aufgetragenen Tätigkeiten genauer und ohne zu murren. Der Große wurde nur noch in den Ferien irgendwie beschäftigt, meistens ging er freiwillig die Kühe hüten und verbrachte auf diese Weise den ganzen Tag im Freien. Wie ich in späteren Jahren erfahren konnte, gab es da noch einen besonderen Grund für seine Hirtenpassion. Auf derselben Weide und zur selben Zeit hütete auch die Tochter von Herrn Norawski die Kühe. Außer dem „Hirtenvergnügen" hatte mein Bruder Muße zum Nachdenken, wie er seine nächste Waffe bauen könnte. Waffen zu bauen, das war sein Ding. Er baute Kleinkaliberpistolen und auch richtige Jagdgewehre, aus denen der Kleine - ich - den ersten Schuss abgeben musste. Heini war eben für höhere Weihen vorgesehen, deshalb kam er nach der Volksschule in ein Internat, weit weg von zu Hause, für damalige Verhältnisse zu weit.

Ich, das Arbeitstier, wurde nach Bedarf von der Schule „ferngehalten". Bereits mit zehn Jahren musste ich beim Pflügen des Kartoffelackers die dort noch verbliebenen Kartoffeln auflesen, und das dauerte gewiss meist immer drei Tage lang. Probleme mit der Schule hatte es deswegen nicht gegeben, es war eben eine Dorfschule, weit von der Zivilisation entfernt. Aufregend fand ich es, wenn ich mit meinem Vater oder Onkel Carl mit dem Pferdewagen in die Stadt fahren sollte, dann war ich gern der Schule ferngeblieben. Ich genoss die Fahrt, nur einfach so auf dem Wagen dazusitzen, mir die Gegend anzuschauen, dann und wann ein Ereignis oder etwas ganz Besonderes zu erleben, das ich noch nie gesehen hatte. In der Stadt gab es dann eine Semmel und ein Stück Wurst, die ich in der Hand haltend wechselweise abbeißen konnte, und das gab es zu Hause nicht. Das war wie Weihnachten und Ostern zusammen. Wenn da nicht auch die unangenehme Seite gewesen wäre, die Angst, die verdammt große Angst, die Furcht, wenn ich allein auf das Pferdefuhrwerk aufpassen musste. Sie war nicht permanent da, nein, aber sie wuchs mit dem sich nähernden Motorengeräusch eines LKW's oder Traktors. Mit dem lauter werdenden Brummen wuchsen nämlich auch die Ohren der Pferde, und nicht nur die Ohren, ja die Pferde bäumten sich auf, so zumindest wurde es von mir wahrgenommen. Ich musste dann die Pferde vorne an den Zügeln fassen und sie festhalten, damit sie nicht durchgingen. Ich werde es nie vergessen, als mich einmal mein Vater mit dem Einspänner zum Markt mitgenommen hatte. Es war überhaupt eine illustre Fuhre. Hinten auf dem Wagen war eine Ziege festgebunden, die in der Stadt einer guten Bekannten der Familie als „Ernährerin" übergeben werden sollte. Auf dem Weg in die Stadt holte Vater noch eine Bekannte ab, die einen Sack Äpfel auf dem Markt verkaufen wollte. Nach etwa zwei Stunden erreichten wir die Stadt. Am Stadtrand hielt Vater an, stieg mit der Bekannten vom Wagen, um ihr den Sack Äpfel auf den Markt tragen zu helfen. Ich blieb mit Max, das war eines unser Pferde, ein Fuchs, und mit der Ziege auf dem Pferdewagen alleine. Es dauerte nicht allzu lange, als ein Motorengeräusch wahrzunehmen war, das stetig lauter wurde. Die Ohren von Max spitzten sich, und er begann „zu wachsen". Ich sprang vom Wagen, um ihn am Zaum zu greifen, aber da war es bereits zu spät. Der LKW kam zum Vorschein und Max nahm Reißaus. Im vollem Karacho galoppierte das Gespann in Richtung Innenstadt, die Ziege fiel vom Wagen, hing aber noch am Halsband festgebunden, und es fegte sie von einer Seite auf die andere über das Katzenkopfsteinpflaster. Schließlich riss das Halsband, und die Ziege begann, in die entgegengesetzte Richtung zu laufen. Ich, der dem polternden Wagen hinterher gelaufen war, musste jetzt alle meine Kräfte übersteigende Entscheidung fällen, und das unverzüglich. Geistesgegenwärtig wie ein Blitz entschied ich, zuerst die Ziege einzufangen, das Pferdgespann hätte ich sowieso nicht eingeholt. Die Sache war allerdings schwieriger als es zunächst schien, denn die Ziege hatte ja nun kein Halsband mehr. Kurz entschlossen legte ich den rechten Arm um den Hals der Ziege und griff gleichzeitig mit der Hand von unten in den Bart der Geiß. Eigentlich wusste ich nicht, wohin ich gehen sollte, entschied mich dann aber zum Standplatz zurückzukehren. In meiner Aufregung bemerkte ich nicht, dass ich mittlerweile von einer Kindermeute auf meinem Weg zurück zum Ausgangspunkt, wo der Pferdewagen gestanden war, umringt war. Für die anderen Kinder war das eine echte Gaudi, nicht aber für mich. Doch pflichtbewusst, wie ich nun einmal war, brachte ich meine für mich peinliche Angelegenheit zu Ende. Max mit Wagen konnte nach ca. zweihundert Metern von einem beherzten Mann, der zufällig vorbeiging, festgehalten werden. Kurz darauf tauchte auch mein Vater wieder auf. Wie zu erwarten, machte er mir Vorwürfe. Ab diesem Ereignis fuhr ich fortan mit noch größeren Angstgefühlen in die Stadt mit.

Auf dem Nachhauseweg von der Schule boten sich uns Schülern interessante und zufällige Begegnungen mit dem Schneidermeister Hochdorf oder dem Schmiedemeister Zapfkowski. Hochdorf, den wir Buben auf seinen Wunsch mit Meister ansprachen, war vor den Sowjets geflüchtet und stammte aus dem Kreis Treuburg. Er war in *Kulikhausen*, jetzt *Kulikowo*, hängen geblieben, in erster Linie wohl, weil er eine Liaison mit einer Dorfbewohnerin eingegangen war. Man tuschelte, dass er der Vater ihrer jüngsten Tochter wäre. Der Meister war natürlich verheiratet und lebte mit beiden Frauen unter einem Dach, wo er auch seine Nähstube betrieb. Seine geschneiderten Werke waren derart verschnitten, dass sie kaum mehr reparabel waren. Meister war politisch sehr interessiert und Abonnement der polnischen Tageszeitung *Trybuna Ludu*, deren Herausgeber die kommunistische Partei Polens war. Doch der Meister hatte weder mit dem Kommunismus noch mit dem Polentum etwas am Hut. Er träumte davon, dass Ostpreußen wieder deutsch werde und sah dafür eindeutige Anzeichen. Insbesondere, wenn im Herbst am Waldrand abends der Nebel aufstieg, schlug sein deutsch-patriotisches Herz höher. Natürlich hatte er längst „die Lage richtig beurteilt", denn er war Stratege genug, um zu erkennen, dass es sich nicht um atmosphärische Nebelschwaden handelte, sondern um einen vom Menschen gemachten, genauer gesagt um einen militärisch erzeugten Nebel. Nur er, der Meister, erkannte, dass die Amerikaner im Anmarsch waren, um Ostpreußen *heim ins Reich* zu holen. Viele solcher Annäherungen hatten seiner Meinung nach, die Amerikaner versucht, wurden aber offensichtlich durch Verrat daran gehindert, den entscheidenden Schlag zu führen. Sobald eine größere Schülergruppe in seinem Reich auftauchte, holte er seine *Trybuna* und las den Jungs vor. In der Tat konnte er richtig Polnisch lesen und las nicht im üblich gesprochenen Masurisch. Nachdem der Meister einen Artikel fertig gelesen hatte, begann er mit der Auslegung, was er selbstverständlich in Deutsch tat. War ja auch klar, den Kindern musste man das ins Deutsche übertragen, weil sie ja nur Polnisch in der Schule hatten und den Inhalt nur Polnisch verstehen würden. Der Meister aber hatte es ihnen so herübergebracht, wie er es für richtig fand, eben Deutsch-Patriotisch und nicht, was die Polen dort gesagt haben wollten oder meinten, sagen zu müssen. Zum Glück waren seine jungen Besucher alles Deutsche, denn der Meister musste sich in Acht nehmen vor den Polizeispitzeln oder waren die gar vom polnischen Geheimdienst? Nun ja, es gab da im Dorf die so genannten *ORMO-wzen*. Das heißt übersetzt: Freiwillige Reserve der Volksmiliz. Diesem staatlichen Verein gehörten fast alle Jugendlichen um die zwanzig an, und es waren durch die Bank Deutsche, weil es zu diesem Zeitpunkt keine polnischen Jugendlichen dieses Alters im Dorf gab. So oder so, mindestens einmal hatte die Polizei den Meister, abgeholt und er wurde von zivilen Beamten stundenlang verhört, sicherlich vom polnischen Geheimdienst. Sie warfen dem Meister vor, einer Verschwörung, die gegen den polnischen Staat gerichtet wäre, anzugehören, wenn nicht gar deren Rädelsführer zu sein. In allen damaligen Warschauer Pakt-Staaten ging die Angst vor westlichen Agenten umher. Vor diesem Hintergrund versuchte auch die

97

polnische Regierung ihre Bürger zu sensibilisieren, damit sie Wachsamkeit gegen antisozialistische Bestrebungen üben sollten. Dazu hatte der polnische Geheimdienst *SB* Informanten angeworben, sicher gehörten auch die *ORMO-wzen* dazu. Auf jeden Fall lagen Berichte vor, wonach der Meister in einer Runde das Nazilied *Die Fahne hoch...* gesungen haben sollte. Der Meister aber wäre nicht der Meister, wenn er sich aus solcher misslicher Lage nicht herausgewunden hätte. Das war natürlich von irgendjemand missverstanden worden, meinte er. Man saß zusammen und habe einiges getrunken, wobei man beim Anstoßen dann und wann die *Kanne hoch...* gerufen habe. Wie dem auch sei, man hatte den Meister wieder freilassen müssen, denn die Beweislast war ziemlich dünn. Darüber hinaus wurde der Meister im Dorf ja gebraucht, schon allein für die Nachtwachen, die er zusammen mit seiner Angebeteten freiwillig übernahm. Nachtwachen waren von enormer Wichtigkeit wegen Brandgefahr oder könnten vielleicht doch noch die Amerikaner...?
Anfang der fünfziger Jahre reiste der Meister, der inzwischen verwitwet war, in die Bundesrepublik Deutschland aus. Seine Nebenfrau zog in ein anders Haus, und das Dorf wurde wieder um eine Attraktion ärmer. Was die *ORMO-wzen* aus *Kulikowo* betraf, so waren das eigentlich arme Geister, die ein bisschen was gelten wollten. Es war trist, in einem Kaff zu leben, wo es kaum Abwechslung gab. Durch die Zuträgerei kam etwas Farbe in ihr Leben und man fühlte sich aufgewertet. Ernsthaft geschadet hatten sie

wirklich niemandem. Dann und wann wurde mal der oder jener von der Miliz abgeholt, kurz verhört und dann wieder laufen gelassen. In dieser Einöde war es kaum möglich, irgendeine Straftat zu begehen, wie auch immer man sich anstellte. Doch halt, ja, es gab da etwas - das illegale Schnapsbrennen. Dann und wann wagten Einzelne, heimlich Schnaps zu brennen. Das war in Polen strengstens verboten und wurde obligatorisch mit Gefängnisstrafe geahndet. Dann gab es da noch die Wilddieberei. Mit Fangeisen wurden Füchse und mit Drahtschlingen Hasen gefangen. Mein Vater war solch ein Wilddieb, er fing im Winter Füchse, zog ihnen das Fell über die Ohren und trocknete es auf einem extra dafür angefertigten Brett. Wenn seine Ware zum Verkauf fertig war, brachte er sie auf den Markt in die Kreisstadt. Natürlich schwarz. Sein Geschäft lief einige Jahre ohne Störung. Eines Tages jedoch bekamen wir unerwarteten Besuch vom Revierpolizisten. Er fragte zunächst nach meinem Vater, und der befand sich ausgerechnet auf dem Markt, um seine Fuchsfelle an den Mann zu bringen. Meine Mutter, an die der Polizist die Frage gerichtet hatte, wurde kreidebleich, worauf sie von meiner Oma unter einem Vorwand weggeschickt wurde. Oma bat den Polizisten herein, bewirtete ihn entsprechend, so dass er seinerseits „goldene Brücken" baute und herausplauderte, dass Vater festgenommen worden wäre, und was er bei seiner Vernehmung auf der Milizkommandantur ausgesagt hätte. Um seine Haut zu retten, hatte er nämlich ausgesagt, dass der Fuchs in den Hühnerstall eingedrungen wäre, einige Hühner gerissen hatte und quasi auf frischer Tat erwischt worden war, woraufhin er seine Tat mit dem Leben hatte bezahlen müssen. Selbstverständlich hatte Oma diese Aussagen bis ins „Detail" bestätigt. Vier Stunden später war Vater wohlbehalten wieder zu Hause. Mir ist kein einziger Fall bekannt, wo sich die polnische Obrigkeit in irgendeiner Weise als Unterdrücker in Siegermachtpose präsentiert hatte. In der Regel wurde rechtsstaatliches Vorgehen gegenüber der dort verbliebenen deutschen Bevölkerung angewandt, was auch das folgende Ereignis untermauert: Eines Tages als ich aus der Schule kam, war Besuch da. Ein uniformierter polnischer Eisenbahner machte eine Stippvisite bei uns zu Hause. Wie ich später erfuhr, war er ein ehemaliger polnischer Zwangsarbeiter, der während des Krieges auf dem Nachbarshof zwangsverpflichtet war. Er war als Zeuge in einer Gerichtsverhandlung am Kreisgericht gegen den früheren Bürgermeister von *Kulikhausen* geladen und nutzte die Gelegenheit für eine Stippvisite bei seinen früheren „Peinigern". Der damalige Bürgermeister war während des Krieges für die Überwachung der Zwangsarbeiter zuständig und wurde von einem ehemaligen polnischen Zwangsarbeiter beschuldigt, ihn geschlagen zu haben. Der Kläger und Zeuge waren zusammen seiner Zeit polnische Zwangsarbeiter auf unserem Nachbarshof. Aufgrund der Anzeige wurde der Bürgermeister in Untersuchungshaft genommen. Der pfiffige Anwalt des Angeklagten hatte während der Verhandlung den

Kläger derart in die Enge getrieben, dass jener auf die unerwartete Zwischenfrage des Anwalts - *wie oft er denn vom Angeklagten geschlagen worden sei,* mit zwei Wörtern, - *gar nicht* - die Verhandlung platzen ließ. Der Angeklagte war freizusprechen. Wohlwollend hatte der Eisenbahner, der jetzt in Zentralpolen lebte, für den Angeklagten ausgesagt. Wie meine Großmutter später berichtete, hatte es auf dem Nachbarhof einen Streit zwischen den Zwangsarbeitern und der Bäuerin gegeben, da der Hofeigentümer an der Front war. Folgendes hatte sich zugetragen: Es war Maria Himmelfahrt, ein wichtiger katholischer Feiertag, und die polnischen Zwangsarbeiter weigerten sich, Holz zu hacken. Masuren waren fast ausnahmslos protestantisch, so dass es für sie ein ganz normaler Arbeitstag war. Also ließen die Damen, die Bäuerin und ihre Mutter, den zuständigen Aufseher kommen, der die Polen zur Räson bringen sollte. Dieser Umstand passte jenem ganz und gar nicht, er kam mit Widerwillen, aber was sollte er tun, er selbst fürchtete sich auch vor den Nazis. Jedenfalls hätte der Aufseher niemanden geschlagen, sondern die Angelegenheit friedlich geregelt. Im Nachhinein bedauerten auch diese Damen ihr Vorgehen, weil sie aus Unkenntnis über den katholischen Glauben gehandelt hatten. Nach der Schlichtung kam der Aufseher bei meiner Oma vorbei, um seinen Frust über die Weiber abzuladen. *Diese blöden Weiber*, hätte er gesagt, *hätten sie nicht ein Auge zudrücken können...?!*

Gut in Erinnerung ist mir der Schmiedemeister Zapfkowski geblieben. Er war aus einem ganz anderen Holz geschnitzt als Meister Hochdorf. Er war lustig, voller Witz und scherte sich nicht um Politik. Er liebte Kinder und trieb mit ihnen seinen Schabernack. Seine Geschichten, welche er uns Buben erzählte, die ihn nach der Schule in der Schmiede besuchten, waren ausgefallen und kurios. Und das war es, warum wir ihn gerne in seiner Schmiede aufsuchten. Wenn er die Nase von seinen Besuchern voll hatte, pflegte er zu sagen: *Geht nach Hause, weil der Hahn das Ferkel gefressen hat. Passt auf, dass ihr ihm nicht über den Weg lauft, sonst geht es euch an den Kragen!* Die Unterhaltung mit dem Schmiedemeister fand ausnahmslos in Masurisch statt. Natürlich hatte er auch einen Nutzen von uns Buben, wir mussten abwechselnd den Blasebalg ziehen, das heißt ihn betätigen, damit er kräftig das Schmiedefeuer anfachte, um das Schmiedeeisen zum Glühen zu bringen. Die kräftigeren Burschen mussten auch mal den Schmiedehammer schwingen.

***

Mein Vater hatte eine Imkerei und zu meinen Pflichten gehörte auch, dass ich ihm während der Sommermonate oft zur Hand gehen musste. Meine Aufgabe war es in erster Linie, den Smoker zu bedienen, damit Vater ungestört seine Arbeit am offenen Bienenstock verrichten konnte. Dazu war ich mit Kopfschutz, Handschuhen und mit zugeschnürten Ärmeln und Hosenbeinen ausgestattet, damit ja keine Biene an mich herankommen konnte. Mein Vater war dagegen „unbewaffnet", er arbeitete völlig ohne jeglichen Schutz und dazu noch mit hochgekrempelten Hemdsärmeln. Natürlich stach ihn dann und wann eine Biene, aber er zuckte nicht einmal, zog einfach nur den Stachel heraus und machte weiter. Hin und wieder passierte es, dass sich eine Biene in meinen „Schutzpanzer" einschmuggeln konnte und mich stach. In diesem Fall warf ich dann den Smoker weg, stürzte mich in die Flucht, wobei ich mit den Armen fuchtelte was wiederum die Bienen in Alarmstellung versetzte und sie mir nachsetzten. Das Allerschlimmste war für mich, wenn mich eine Biene in die Nasenwurzel stach, was mein Gesicht tüchtig anschwellen ließ. Bei diesen Attacken, deren Auslöser ich eigentlich war, bekam Vater natürlich die doppelte Menge der Bienenstiche ab, was ihn wiederum gegen mich aufbrachte.

Manchmal schickte mich meine Oma mit Hühnereiern zur sogenannten Eier-Ankaufsstelle, was auf Polnisch *Punkt skupu jaj* hieß. Eine solche gab es gewöhnlich in den Kolonialwarengeschäften auf den Dörfern. Eier gab es auf unserem Hof reichlich, da wir über einhundert Hühner hatten. Die genaue Zahl war nicht bekannt, da man die Hühner nur sehr selten oder auch gar nicht zählte. Also kamen in einer Woche so einige Eier zusammen, im Sommer mehr, im Winter weniger, dafür hatten die „Wintereier" einen höheren Preis. Kurzum, Oma drückte mir den Eierkorb in die Hand und ich marschierte los. In der Regel ging es ja mit mir und den Eiern gut. Doch einmal hatte ich Pech, obwohl ich mich an diesem Tag richtig wohl fühlte, fast wie Hans im Glück, weil beim Eierverkauf für mich immer etwas zum Naschen abfiel. Vor lauter Übermut schwang ich unterwegs den Eierkorb hin und her. Jeder Schub verlieh dem Korb immer mehr Schwung, und die Frequenz steigerte sich. Es machte richtig Spaß, bis, ja, bis der Korb mir der Hand entglitt, im Bogen nach vorne flog und samt Inhalt in einer Wasserpfütze landete. Der Großteil der Eier war zu Bruch gegangen. Was nun? Panik hatte mich ergriffen, wie immer, wenn ich durch meine Schusseligkeit etwas angestellt hatte. Wenn ich in Panik geriet, begann ich fürchterlich zu schwitzen, was mich noch tiefer in Stress versetzte. Das Missgeschick war ausgerechnet auch noch nach wenigen Schritten nach Verlassen des Hauses passiert. Es hätte mich jemand beobachten können, aber Gott sei Dank, da war niemand zu sehen: Ich musste handeln, und zwar sofort. Kurz entschlossen riss ich mit Gewalt den Henkel aus dem Korb, was nicht so leicht zu bewerkstelligen war, aber irgendwie schaffte ich es dennoch. Schnell sammelte ich die heilen Eier aus dem Wasser, wischte mir den Schweiß von der Stirn, fasste meinen ganzen Mut zusammen und ging mit unschuldiger Mine zurück, zurück zum Ausgangspunkt, und das war meine Oma, die von diesem Vorfall nicht so leicht zu überzeugen war. Aber siehe da, Oma nahm mir meine Geschichte ab, ja sie tröstete mich sogar. Es gab auch Unkenrufe, das waren mein Bruder Karl-Heinz und Onkel Carl, die wollten beileibe nicht glauben, dass der so festsitzende Henkel aus dem Korbgeflecht herausrutschen hätte können, aber Oma glaubte es, und das war wichtig, denn sie hatte im Hause die Hosen an.

***

Der Regierungswechsel von Deutsch zu Polnisch brachte trotz Kenntnis der masurischen Sprache gelegentlich doch Verständigungsprobleme. Die älteren Menschen mussten sich erst an das Hochpolnische in Wort und Schrift gewöhnen, hatten sie doch nur Deutsch in der Schule gelernt. Polen als Staat hatte es seit der 3. Polenteilung im Jahre 1795 erst wieder nach dem Ersten Weltkrieg gegeben. Nachdem Masuren nach dem Zweiten Weltkrieg polnisch geworden war, prangten an allen öffentlichen Gebäuden polnische Schilder, mit denen der Masure zunächst seine Probleme hatte. So war für meine Großmutter das Schild mit der Aufschrift *Skup jaj* am Dorfladen ziemlich unverständlich, denn der Masure liest das „J" wie in „Journal" und der Plural Genitiv von Eiern heißt auf Polnisch jaj, aber auf Masurisch, das keine geschriebene Grammatik kennt, sind Eier einfach *jajka*, wobei das Auslaut *a* wie *ä* ausgesprochen wird. Und so fragte sich meine Oma, was dieses *jaj* nur bedeuten könnte. Eines Tages musste sie auf die *Gmina* gehen (zu einer *Gmina* gehörten mehrere Dörfer, und das ist so etwas wie im Deutschen Gemarkung). Oma hatte einen Fußweg von ca. 10 km zurückgelegt und stand plötzlich vor verschlossener Tür. Nach Auswegen aus ihrem

105

Dilemma suchend, begegnete ihr der *Wòjt*, das ist der Gminavorsteher. Nachdem Oma sich bei jenem beklagt hatte, sagte jener: *Liebe Frau, sie sehen doch was auf dem Schild steht, da sind doch die Amtsstunden aufgeführt!* Darauf Oma: *Nun, ich lese dort nur zarząd, ja, weiß ich denn was dieses Wort bedeutet?* Was *zarząd* bedeutet, wusste natürlich kein Masure. Der Wòjt, ein netter Mensch aus Zentralpolen musste dennoch lachen, er hatte verstanden, dass die Deutschen das *z* wie *Zelle* und nicht stimmhaft wie *Salz* lesen. Die Begegnung mit dem Wòjt erwies sich dennoch als nützlich, denn jener hatte Erbarmen mit Oma und erledigte prompt ihr Anliegen. Ein weiteres Problem bildeten die Nasale, dazu gehören das *ą* und *ę*, die zu damaligen Zeit kaum ein Masure kannte. Im Allgemeinen sind Polen flexibler als Deutsche, sie sind auch gastfreundlicher. Irgendwann sann Oma, wie viele andere, in die Bundesrepublik Deutschland auszuwandern, denn sie hatte dort ihre jüngeren vier Geschwister. Nach langen Überlegungen nahm sie ihren Mut zusammen und ging auf die *Gmina*, um den Ausreiseantrag zu stellen. Der Zufall wollte es, dass sie wieder auf denselben Wòjt traf. Nachdem Oma ihm ihr Anliegen vorgetragen hatte, sagte er: *Liebe Frau Jerimski, sie haben so einen schönen polnischen Namen, was wollen sie denn dort in Deutschland? Ihnen wird es dort auf jeden Fall schlechter gehen als sie es hier haben. Nehmen sie ihren Antrag, gehen sie nach Hause und bewirtschaften sie ihren Hof.* Oma musste nicht lange überlegen, sie tat was der *Wòjt* ihr geraten hatte.

106

Jahre später, als unser Hof wieder auf die Beine gestellt war und man auch noch etwas für die Armen übrig hatte, wählte meine Großmutter einige bedürftige Dorfbewohner aus, die sie mit eigenen Landwirtschaftserzeugnissen versorgte. Oma war eine resolute Frau mit viel Herz, jedoch in der Regel denjenigen zugetan, die fleißig waren oder von denen man einen Nutzen erwarten konnte. Die *Faulen* soll man nicht unterstützen, denn so steht es geschrieben: *Im Schweiße deines Angesichts...*, aber es steht auch nicht geschrieben, dass man die nicht unterstützen soll, die noch etwas zu bieten haben. Aber Oma selbst war auch sehr fleißig, arbeitete hart und pausenlos von früh bis spät. Wie dem auch sei, in etwas entfernter Nachbarschaft lebte ein Ehepaar namens Amberg, das eigentlich, sagen wir es mal ruhig, faul war. Beide Familien kannten sich aus dem Gebetskreis der *Gromadkis*. Diese Familie hatte zur deutschen Zeit einen gut gehenden Bauernhof, welcher für die damalige Zeit beachtlich mit Agrartechnik ausgestattet war und als Familienbetrieb geführt wurde. Die Eheleute Amberg hatten drei Kinder, zwei Söhne und eine Tochter. Herr Amberg war auch ein passionierter Imker. Dann kam der Krieg, er und seine beiden Söhne wurden eingezogen. Der Tochter war es gelungen, sich rechtzeitig nach Westen abzusetzen, die Bäuerin blieb auf dem Hof alleine zurück. Der Krieg war zu Ende und die meisten Bauern kehrten bald nach Kriegsende nach Masuren zurück. Die Rückkehrer fanden ihre Höfe geplündert vor, weder Vieh noch Pferd, ja noch nicht einmal ein

Federvieh war vorhanden. Landmaschinen waren von Polen gestohlen worden, doch nicht aus allen Höfen. In der glücklichen Lage befand sich auch der Amberghof, alle Maschinen waren noch da. Doch Herr Amberg verspürte irgendwie keine Lust mehr am Bauerntum. Ja, und es war ja jetzt hier Polen, für wen sollte er arbeiten, doch nicht für die Polen, seine Kinder lebten in Deutschland, so war seine Motivation. Deshalb bestellten die Ambergs auch nur so viel Acker, wie es ihnen unbedingt zum Leben notwendig schien, und waren damit hoch zufrieden. Wenn da nicht die „habgierigen Polen" wären, denn der polnische Staat verlangte noch von den „armen Leuten" Steuern, Grundsteuer, Einkommensteuer, weiß der Teufel, was noch alles. Ja, er drohte sogar mit Pfändung, obwohl im letzten Amtsschreiben ausdrücklich stand: „Letzte Mahnung". Endlich, dachte er, jetzt geben sie Ruh und jetzt wollen sie pfänden? Wozu hatte man Freunde, dazu noch Gebetsfreunde, dachte Amberg, und man schaffte das Meiste bei einer Nacht- und Nebelaktion auf den Hof des Gebetsfreundes Jerimski. Der hatte ausgerechnet Platz, weil dessen Maschinenpark von nächtlichen Raubzügen der Polen gleich nach dem Krieg ausgeräumt worden war. Solche Gemeinschaften verbinden, man hält zusammen, sogar wenn Jerimski einige Nächte auf der Milizwache verbringen musste, wo er in Sachen Amberg Rede und Antwort stehen musste. Gemeinsam ist man stark, man steht so etwas durch. Zum Dank, dass alles gut gegangen war, wurden Hausgottesdienste im Hause Jerimski abgehalten, bei denen Amberg der Zelebrant war und inbrünstig, ja schluchzend zum Heiland betete. Im Anschluss wurde gut gegessen und etwas Feines getrunken, dann über Gott und die Welt geredet.

Da die Ambergs weder Pferd noch Kuh besaßen, ja noch nicht einmal eine Ziege, musste ich dann und wann mit einem Kännchen Milch zu den Ambergs gehen. In der Regel war das keine große Mühe, denn es war nur etwa ein etwa zwanzig Minutenfußweg zu bewältigen. Doch wiedermal hatte mich ein Pechtag verfolgt. Diesmal begleitete mich meine kleine Schwester. Es war Sommer und wir gingen barfuß wie auf dem Lande üblich. Zuvor war ein kurzes Gewitter niedergegangen, die Luft war feucht und schwül, der aufgeweichte Lehm des Feldweges quoll uns zwischen den Zehen empor, und es war glitschig. Ich - wie immer ein wenig verspielt - schwenkte mit der Milchkanne hin und her, rutschte aus, die Kanne entglitt der Hand, im Bogen auf den Weg krachte und den Hügel herunterzukullern begann. Obwohl ich dem Kännchen hinterher hechtete, war mindestens die Hälfte der Milch verschüttet. Was nun? Wie immer geriet ich zunächst in Panik. Mit einer halbgefüllten Kanne bei Ambergs ankommen? Wer würde es mir glauben, dass meine Oma mich mit so wenig Milch auf den Weg geschickt hätte. Da fügte es sich gut, dass wir an unseren in der Nähe weidenden Kühen vorbeikamen. Kurz entschlossen ging ich bei einer Kuh in die Hocke, klemmte das kleine Kännchen zwischen meine Knie und begann zu melken. Wie ich mich auch mühte, es kam nicht viel Milch aus den Zitzen heraus, weil die Kühe erst vor wenigen Stunden gemolken worden waren. Die meisten Milchstrahlen gingen eh auf meine Knie und an der Kanne vorbei, deren Öffnung noch nicht einmal faustgroß war. Nun, das Kännchen war immerhin dreiviertel voll geworden, dafür aber sichtbar von den Milchstrahlen verschmiert, obwohl es weiß war, war es trotzdem für das Auge eines Erwachsenen nicht zu übersehen. Darüber hinaus schwammen auf dem Inhalt auch noch Reste von Kuhmist, da meine Milchgewinnung ja nicht geseiht war. Als ich mit meiner Schwester endlich bei den Ambergs eintraf, sagte ich betreten: *Ist ja nicht so viel, aber...*, damit versuchte ich entschuldigend zu wirken und wusste einfach nicht, was ich sagen sollte, was eigentlich auch überflüssig gewesen war, denn das äußere Erscheinungsbild und der Inhalt des Kännchens sprachen für sich. Vorsorglich waren die Ambergs zum Schein gerade aus den Betten gekrochen. Um ihre Köpfe waren weiße Binden gewunden, was ihre Gebrechlichkeit demonstrieren sollte. Man konnte ja nicht wissen, ob die Besucher nicht von irgendwelchem Amt in Sachen Steuereintreibung auftauchten.

Nachdem ich die Hauptschule beendet hatte, war Herr Amberg in seiner Rolle als „Obergebetsbruder" bemüht, mir im christlichen Sinne Benimmregeln beizubringen. Unter anderem warnte er mich vor dem Rauchen und meinte: *Wenn der Liebe Gott es gewollt hätte, dass du rauchen solltet, so hätte*

er dir auf deinem Kopf einen Schornstein wachsen lassen.
Seine Andachten, zu denen er von meiner
Großmutter eingeladen war, zogen sich ins
Unendliche. Zumindest kam es mir so vor. Sie
endeten immer mit langen Gebeten, während unsere
ganze Familie, ausgenommen meines Vaters, kniend
auf dem Fußboden verharren musste. In seinem
Gebet steigerte Herr Amberg seine Stimme bis zum
jämmerlichen Weinen, damit uns der Herr unsere
Sünden vergäbe. Sollte er es wohl gewusst haben,
warum er das tat? Den Kampf mit den polnischen
„Windmühlen" hatte Amberg schließlich gewonnen,
so glaubte er zumindest. Denkbar wäre es auch, dass
die zuständigen Kreisbehörden einfach die Nase von
Amberg voll hatten und ihn einfach in die
Bundesrepublik Deutschland ausreisen ließen. Mitte
der fünfziger Jahre verließ er Ostpreußen, um mit
seinen Kindern in Deutschland vereint zu sein. Die
Freude währte jedoch nicht lange, denn seine Kinder
hatten ihre Familien und waren dazu noch mit
katholischen Partnern verheiratet, was einem
evangelischen *Gromatkenbruder* ganz und gar nicht in
den Kram passen dürfte.

***

Bei Frau Berg waren inzwischen Polen
eingezogen, es war eine Familie aus der Ukraine aus
dem Bezirk Lemberg. Herr Kontrabas mit Frau und
einer erwachsenen Tochter um die zwanzig. Die
Tochter war von Geburt behindert, es fehlte ihr ein

111

Teil des rechten Unterarms. Sie war jedoch so geschickt, dass ihre Beeinträchtigung kaum wahrzunehmen war. Die ukrainischen Polen waren ein wenig anders geartet als die aus Zentralpolen. Penible Sauberkeit, Höflichkeit und ein bescheidener Stolz zeichneten sie aus, und es war ihnen fast peinlich, dass sie nun in Ostpreußen leben mussten. Sie gehörten zu denen, die nach Ende des Krieges, gezwungen waren ihre Heimat zu verlassen. Anderenfalls hätten sie sich der Sowjetunion unterwerfen müssen. Polen musste nach dem Zweiten Weltkrieg seine Ostgebiete an die Sowjetunion abtreten. Diese polnischen Ukrainer, sie fühlten sich als solche, gehörten zur ethnischen Minderheit in Polen. Sie blieben unter sich, sprachen untereinander Ukrainisch und gehörten der Unierten Katholischen Byzantinischen Kirche an. Die polnische Regierung vertraute ihnen nicht und ließ sie zum Teil nachrichtendienstlich überwachen, was die meisten von ihnen nicht ahnten. Das mag dann auch wohl daran liegen, dass das Verhältnis zwischen den Ukrainern und der deutschen Bevölkerung in Masuren kurz nach dem Krieg herzlicher war als das zwischen den Polen und den Deutschen. Der neue Nachbar wurde bald akzeptiert, und es gab keine Vorurteile auf beiden Seiten. Man lebte in engster Nachbarschaft, half sich gegenseitig, und wenn es etwas zu feiern gab, wurde gemeinsam gefeiert.

Manka, so hieß die Tochter der Familie Kontrabas, hatte einen Heiratskandidaten, der altersmäßig ihr Vater hätte sein können und der sich quasi bei ihren Eltern durchfuttern wollte. Franek, so hieß jener, war redegewandt, beschlagen und spielte Schach. Einer geregelten Arbeit ging er nicht nach. Da er keinen Partner fürs Schachspielen hatte, brachte er meinem Freund und mir das Schachspielen bei. So ergab es sich, dass wir uns beide bei den Kontrabases öfter in deren Wohnung aufhielten. Mein Freund, der Sohn von Frau Berg, wohnte nur Tür an Tür mit der Familie Kontrabass, und in der Regel besuchten wir gemeinsam die neuen Nachbarn. Es waren liebenswerte und ausgesprochen gastfreundliche Menschen. Franek hatte es verschwiegen, dass er in Danzig Ehefrau und Kinder hatte. Nachdem *Manka* schwanger wurde, reiste er angeblich nach Hause, um die Scheidung einzureichen und ward nie mehr gesehen. Trotz der Nähe zur Familie Kontrabas schämte ich mich auf meinem Schulweg an der Wohnung von Kontrabas vorbeizugehen, als *Manka* ihr Baby bekommen hatte; warum, das wusste ich selbst nicht. Es war mir einfach nur peinlich wie in den meisten Fällen, die ich nicht so richtig begreifen konnte. Aber was war eigentlich die Ursache dafür? War ich zerstreut? Es kam mir vor, als ob das Pech permanent an mir klebte. Das letzte Schuljahr musste ich im fünf Kilometer entfernten Nachbardorf absolvieren, da es an meiner alten Schule lediglich sechs Klassen gegeben hatte. Im Sommer war die Strecke mit dem Fahrrad schnell bewältigt, im Winter aber war es mindestens eine Stunde beschwerlichen Fußweges, wenn der Schnee meterhoch lag. Mit mir zusammen gingen noch drei andere Schüler, zwei Mädchen und ein Junge, aus meiner Klasse von *Kulikowo* nach *Olszyny*. Wir trafen uns unterwegs und radelten gemeinsam. Eines Tages kam Hartmut, so hieß der andere Junge, ohne Fahrrad zum Treffort. Und damit wir nicht laufen mussten, nahm ich ihn auf der Querstange mit. Bereits im Dorf *Olszyny* angekommen, verlor ich aus irgendeinem Grund das Gleichgewicht und stieß mit dem Vorderrad gegen einen Baum, wobei aus dem Vorderrad sofort eine Acht wurde. Und in gewohnter Weise ergriff mich Panik, und ich musste handeln. Die Felge musste durchbrochen werden, damit man anderen die Schuld in die Schuhe schieben konnte. Und weil ich zu Hause Unannehmlichkeiten befürchtete, dachte ich mir folgende Geschichte aus: In die Schule wurde Brennholz geliefert, welches im Schuppen abgeladen wurde, in dem die Fahrräder der Schüler untergestellt waren. Diese Männer waren beim Abladen so unachtsam, dass ein schweres Rundholz auf mein Vorderrad fiel, wobei dasselbe durch die Wucht durchgeschlagen wurde. Das müsste durchgehen, dachte ich und es klappte auch, obgleich es Unkenrufe gegeben hatte... Ja, meine Erziehungsberechtigten wollten sich sogar in der Schule beschweren, aber ich konnte sie gerade noch davon abhalten. In dieser Schule gab es vier Lehrkräfte, drei davon waren deutscher Abstammung, diese ließen allerdings davon nichts durchblicken. In dieser Schule achtete man darauf,

114

dass in den Pausen Polnisch gesprochen wurde. Für das Nichtbefolgen dieser Anweisung hatte es aber auch keine Strafen gegeben, lediglich Zurechtweisungen in der Form: *Wer spricht denn da schon wieder Französisch?* Hier war das Verhältnis zwischen deutschen und polnischen Kindern ziemlich ausgewogen, vielleicht waren die polnischen eine knappe Mehrheit. Probleme zwischen den Kindern gab es deswegen überhaupt nicht, niemand wurde gehänselt oder beschimpft. In *Olszyny* war mal für wenige Jahre ein Gemeindeamt *Gmina* eingerichtet worden. Hier gab es eine Ambulanz wo einmal wöchentlich ein Arzt Sprechstunden abhielt. Ansonsten residierte hier ständig eine Gemeindeschwester. Des Weiteren gab es hier ein Postamt, eine Freiwillige Feuerwehr und eine Eisenbahnstation sowie einige Handwerker. Das Wichtigste aber für die Jugend der Gemeinde war, dass es hier neben einem Kolonialwarengeschäft einen Tanzsaal gab, wo öfter Tanzabende veranstaltet wurden. Die Eigentümerin dieses Gebäudekomplexes war eine Deutsche, die auf die Polen nicht gut zu sprechen war. In bestimmten Kreisen soll sie sich dahingehend geäußert haben, dass ihr ein Schwein lieber sei als ein Pole. Diese Dame hatte zwei erwachsene Töchter, die später Polen geheiratet haben. Die Ehen waren beständig, und die Dame verstummte.

In einem anderen Nachbardorf lebte ein guter Bekannter der Jerimskis, Herr Degun. Er ein Pole, sie Deutsche, sie hatten drei Kinder. Degun war ein bescheidener und gutmütiger Mensch, der niemandem Leid hätte antun können. Sie dagegen war impulsiv, herrisch, ein wenig aufgetakelt und hatte „die Hosen an", wie man so schön sagt. Schließlich hatte Degun auf ihren Besitztum eingeheiratet. Die Deguns lebten wie die meisten vom Ackerbau und Viehzucht, mehr schlecht als recht, aber man kam so über die Runden. Der Kontakt zwischen den Jerimskis und den Deguns war rege, denn jener hatte eines seiner Pferde, das einen Klumpfuß hatte, beim Nachbar Berg in Pflege gegeben. Bis zum Einzug der Familie Kontrabas lebten jetzt auf diesem Hof nur Jorg mit seiner Mutter und Oma. Deguns Pferd war pflegeleicht, denn es war Sommer, und Gras gab es in Hülle und Fülle. Wenn Degun sich mal nach dem Wohlbefinden seines Pferdes erkundigen wollte, besuchte er obligatorisch auch unsere Familie, wobei man sich angeregt unterhielt und wie üblich aß und trank. Eines Tages kam ein fremder Mann, um das Degunsche Pferd abzuholen. Degun hätte es ihm verkauft, sagte jener. Da man den Mann nicht kannte, mischte sich Jorgs Großmutter in die Abholprozedur ein. Also fragte sie den Mann (er war Pole und sprach nur sehr gebrochen Deutsch, Oma dagegen kein Wort Polnisch): *Ja, was sagt denn der Herr Degun dazu?* Daraufhin der Mann: *Chee, was sagen Degunik, - Degunik sagen, ich näme Färd.*

Während einer Plauderei berichtete Degun den Jerimskis, wie seine Familie von einem raffinierten Weib bestohlen worden war. Folgendes

116

hatte sich zugetragen. Eine „Handelsreisende" in Sachen Kosmetik sei eines Herbstabends zu ihnen gekommen und bat nach Vorführung ihres Warenangebots, dort übernachten zu dürfen, weil der letzte Zug nach *Orzysz* bereits weg wäre. Gefällig wie Degun nun mal war, willigte er ein, obwohl seine Frau das nicht so gerne sah. Wie in den Herbst- und Wintermonaten üblich, musste am späteren Abend nochmals das Vieh im Stall versorgt werden. Während Degun im Stall seine Beschickungen machte, hatte die Händlerin in der Küche ein Bad genommen. Naturgemäß wie damals in Ostpreußen üblich, in einer großen Zinkwanne. Fließend Warmwasser gab es nicht, es wurde auf dem Herd in einem Kessel erwärmt und in die Zinkwanne gegossen. Wenn immer Degun aus seinem Stall heraustrat, konnte er direkt ins Küchenfenster sehen und siehe da, er erblickte seinen Gast splitternackt in der Wanne. Nun saß er in der Falle, weil er sich schämte, seine eigene Küche zu betreten. Also wartete er draußen bis sich der Gast angezogen hatte. Alles schien in Ordnung zu sein, und man ging zu Bett. Am nächsten Morgen war die Dame spurlos verschwunden und mit ihr das Haushaltsgeld und auch der Schmuck der Deguns. Frau Degun zerrte ihren noch schlafenden Gatten aus dem Bett, beschimpfte ihn als Idioten und anderen Zotteltiere und befahl ihm auf polnisch: *Skurczybyku goń ją!* Was so viel heißt wie du Schrumpfbulle, jag ihr nach! Degun sprang auf sein Pferd und galoppierte los, jedoch blieb seine Jagd erfolglos.

Die Jugendzeit

Inzwischen hatte ich meinen Volksschulabschluss gemacht und dachte daran, einen Beruf zu erlernen. Am liebsten wäre ich Autoschlosser geworden und ich hatte mich auch schon bei der Berufsschule für Mechaniker in der Kreisstadt und meiner Geburtsstadt *Mrągowo* beworben. In Polen wie auch in allen anderen Ostblockstaaten war die Berufsausbildung in festen schulischen Einrichtungen integriert, sowohl Theorie als auch Praxis und die Ausbildung dauerte drei Jahre. Nach Abschluss war es möglich, das Fachabitur zu erwerben, um später ein Studium aufzunehmen. Nun ja, *ich dachte, und mein Papa lachte*, denn er wollte partout nicht, dass ich den Hof verlasse. Nicht weil er davor Angst hatte, dass ich wie mein älterer Bruder auf die schiefe Bahn geraten würde, sondern aus purem Egoismus, er beabsichtigte, sich ein wenig zur Ruhe zu setzen, sich seinen Bienen und anderen Interessen zu widmen, sich einfach das Leben lockerer zu gestalten. Ich sollte dafür seine bisherigen Tätigkeiten übernehmen. Das waren: am Morgen das Vieh versorgen und nach dem Frühstück mit den Pferden auf den Acker gehen, pflügen, eggen und was da sonst noch so anfiel. Mittags heimkommen, zuerst Pferde versorgen, dann selbst zu Mittag essen und zwei Stunden später wieder auf dem Acker sein. Wenn die Tagesfeldarbeit getan war, stand die Sonne bereits weit im Westen. Dann ging es wieder los mit der Viehversorgung und wenn alles getan war, war es bereits nach acht Uhr abends. Ans Ausgehen war absolut nicht zu denken; nur an Sonntagen nachmittags, da durfte ich meine Freunde besuchen oder sie kamen zu mir. Eigentlich hatte ich mit diesem Tagesrhythmus kein Problem. Meine Freunde, zumindest die meisten, teilten das gleiche Los. Ja, ich gewöhnte mich daran und fand sogar an der Landwirtschaft Gefallen. Der Geruch der frisch gepflügten Erde tat mir gut, und so ging ich Furche für Furche neben dem Pflug, den die zwei Pferde über den Acker zogen. Allerlei Vögel, meistens Stare, Dohlen und Saatkrähen folgten der frisch aufgeworfenen Erde und pickten Würmer, Maden und Engerlinge auf. Manchmal, wenn es nach Regen roch, kamen sogar Möwen, obwohl kein See in unmittelbarer Nähe war. Geackert wurde auch bei schwachem Regen, nur wenn ein Gewitter aufzog, spannte ich das Ackergerät aus und begab mich mit den Pferden in Sicherheit. Es kam hin und wieder vor, dass der Blitz Bauern und Pferde erschlagen hatte. Außerdem gehörte zu meinen Aufgaben in den Monaten Mai bis Oktober das Herausführen der Rinder in den frühen Morgenstunden aus dem Stall beziehungsweise bei Sonnenuntergang, sie wieder hineinzubringen. Dazu gehörte natürlich auch das Melken von Hand gemeinsam mit meiner Mutter. In den Wintermonaten gab es nicht so viel zu tun. Der Tag war kurz, die Sonne ging im November/Dezember bereits kurz nach drei Uhr nachmittags unter. Tagsüber war eher Schlendrian angesagt. Wenn der Winter Einzug gehalten hatte, ging es abends, wenn der Mond hell am Himmel leuchtete, auf die Rutschbahnen mit Skiern oder Rodelschlitten. All diese Sportgeräte waren meist Marke Eigenbau. Zum Bau von Skiern wurden passende Eschen gefällt. Der Stamm wurde der Länge nach getrennt und aus den Hälften je ein Skibrett herausgearbeitet. Die Spitzen kamen dann in den Kartoffeldämpfer, wurden gekocht, entsprechend gebogen und solange eingespannt, bis sie abgekühlt waren, damit die Biegung konstant blieb.

Skifahren in Masuren mit Marke „Eigenbau"

Einige Wochen gab es aber auch im Winter für mich richtig Arbeit, und die machte mir auch noch Spaß. Mein Vater war ein eingefleischter Langholzrücker, das tat er schon in seinen jungen Jahren. Diese Tätigkeit war nicht ungefährlich, da man zum Invaliden werden konnte, ja sogar mit dem Leben bezahlen, wenn die entsprechende Sorgfalt außer Acht gelassen wurde. Als Ausrüstung gehörte dazu ein entsprechender Pferdeschlitten, bestehend aus zwei Kurzschlitten, genannt *suki*, die mit einer Kette über Kreuz miteinander verbunden wurden. Das wichtigste Gerät war aber die sogenannte Lade. Sie bestand aus gut abgelagertem Eichenholz, man stelle sich einen schmalen Holztrog, wie eine leicht gekrümmte Banane ohne Boden vor. Die Seitenwände waren ca. fünf cm stark und zweireihig, parallel auf Lücke gelocht. Dieser Trog war ca. zwei Meter lang. Die Enden waren mit dicken Bandeisen beschlagen. Der dazugehörige Schwengel war auch ca. zwei Meter lang, er war an einem Ende mit Eisen beschlagen, um die Kette aufzunehmen, an der der zu verladender Baumstamm befestigt wurde. Nach dem Prinzip der Hebelwirkung wurde der Schwengel jeweils um ca. 30 cm nach unten gedrückt und sobald er das nächste Loch freigab, wurde ein Eisenbolzen von 20 mm Durchmesser und 30 cm Länge durchgesteckt. Wenn der das Langholz (Baumstamm) endlich über dem Schlitten hing, wurde er in umgekehrter Reihenfolge wieder heruntergelassen, bis das Langholz über dem Schlitten ruhte. Mit dieser Lade konnte man richtig schwere Bäume laden, die bisweilen dreißig Meter lang waren und über drei Festmeter hatten. Je nach Baumstammlänge wurden die Kurzschlitten auseinander gezogen. Das Laden dauerte etwa zwei Stunden, dann kam die Fahrt von noch mal zwei Stunden zum Eisenbahnverladebahnhof hinzu und schließlich die Rückfahrt nach Hause, die auch noch mal gut zwei Stunden dauerte. Dasselbe konnte man auch mit einem eisenbereiften Pferdewagen tun. In diesem Fall durfte die Last nicht so schwer sein, denn die Pferde hatten große Mühe, diesen Ballast zu ziehen. Auch hier war alles Marke Eigenbau. Meist fuhren Vater und ich in Begleitung des Gespanns des Nachbarn Kontrabas, der allerdings keine eigene Lade besaß und das Holzrücken von meinem Vater beigebracht bekam. Man half sich gegenseitig im Auf- und Abladen des Langholzes. Am meisten Spaß machte es, wenn das Wetter mitspielte. Schnee, starker Frost, manchmal -30° und darüber verschneite Tannen und purer Sonnenschein gestalteten die Holzrückerei richtig malerisch. Man brach im Dunkeln auf und kehrte erst heim, wenn die Sonne bereits untergegangen war. Bei starkem Frost musste man darauf achten, dass man sich nichts abfror, zum Beispiel die Nase, Ohren oder die Zehe, was öfter vorkam. An den kleinen Zehen hatten in Masuren die meisten Leute Frostbeulen, auch ich - rote geschwollene entzündete Zehen. Die Frostbeulen wurden mit Hausmitteln behandelt. Man bestrich sie häufig mittels einer in Petroleum getränkten Gänsefeder und hielt diese Stellen am offenen Feuer zum Einwirken. Geholfen hatte es sicher nicht, sondern eher noch geschadet. Einmal, als wir nicht mehr weit von zu Hause waren, hielt Vater die Pferde an, sprang vom Schlitten, nahm eine Hand voll Schnee, stürzte zu mir und begann meine Nase damit zu reiben, bis sie wieder Farbe annahm. Vorher war meine Nase weiß geworden, ein sicheres Zeichen, dass sie am Abfrieren war. Das Holzrücken wurde gut bezahlt, aber es war auch eine so genannte Bringschuld der Bauern gegenüber dem polnischen Staat. Man kann mit Fug und Recht sagen, „Masuren liegt mitten im Wald", und die Johannisburger Heide bildet das Herzstück.

Bäume in der Johannisburger Heide

Saisonarbeiten waren im Frühsommer Hackfrüchte vom Unkraut zu befreien, also Rübenhacken und andere Gemüsearten pflanzen und pflegen. Dann folgten der Reihe nach Getreide- und Kartoffelernten, das neue Aussähen der Wintersaat, Rübenernte und das Korndreschen. Für die Kartoffelernte und das Dreschen benötigte man viele Helfer, und die gliederten sich in bezahlte und abarbeitende. Letztere waren Familienangehörige von benachbarten Bauern, die für das Ausleihen von Landmaschinen Abarbeitungstage zu erbringen hatten. Zu den Abarbeitenden gehörte u.a. eine Familie, die aus Litauen stammte und, die auch wie die Ukrainer, ihr Land wegen der Sowjets verlassen hatten. Das Besondere an diesen Menschen war, dass sie unwahrscheinlich höflich gegen jedermann waren. Sobald Herr Narwusz unser Haus betrat, nahm er

124

umgehend seine Mütze ab und klemmte sie unter den Arm. Das ging mechanisch, wie gedrillt. Seine zahlreichen Kinder halfen öfter bei uns und sie fühlten sich dabei auch sichtlich wohl. Dafür ging Onkel Carl mit der Drille die Saat bei den Narwuszs aussähen, und mein Vater ging zu ihnen im Spätherbst mit seinem Dreschsatz, um das Korn zu dreschen. Auch einige Frauen aus dem benachbarten *PGR* (staatlicher Landwirtschaftsbetrieb) kamen, um sich ein paar *Złoty* zu verdienen. Unter ihnen war auch Eine, die aus Kurpien stammte, daher weiß ich, dass die kurpische Mundart der masurischen sehr ähnelt. Die Kartoffelernte und das Dreschen gingen immer über drei Tage am Stück. Dabei wurden die Helfer, ob bezahlte oder nicht, gut verpflegt (Vesper, Mittag und Abendbrot) und es gab auch nach dem Abendessen immer was Alkoholisches zu trinken. Solche Tage waren richtige Feste, an denen jeder gern teilnahm. Außerdem boten solche Anlässe Geselligkeit, man erzählte und lachte viel dabei. Für die Jungen war es ein willkommener Anlass fürs nähere Kennenlernen, obgleich man sich aufgrund der Umstände, sei es Nachbarschaft oder aus der Schule, schon irgendwie kannte. Das hier war ganz was anderes, man rückte irgendwie näher zusammen, und weil der Nachhauseweg zufällig derselbe war, rückte man so nah zusammen, dass in Ausnahmefällen eine „Nothochzeit" anstand. Und wenn es mal nicht so war, wurden Vermutungen angestellt und etwas zusammengedichtet. So war es auch in meinem Fall, obwohl das einen etwas anderen

Hintergrund hatte. Hier ging es um zwei Nachbarinnen, Polinnen. Die eine war eine etwas ältere Jungfer, die andere in meinem Alter, allerdings verheiratet. Ich war damals um die zwanzig und kannte beide gleichermaßen gut. Nein, zu der ledigen älteren Jungfer bekam ich ein paar Jahre später engeren Kontakt, kannte sie aber bereits als Schuljunge vom Schachspielen. Die andere aber dafür besser, schon wegen des gleichen Alters. Nun, wie dem auch sei, jedenfalls war die eine auf die andere neidisch oder eher eifersüchtig, und es kam zum Eklat. Im Frühsommer, wenn die Kartoffeln in der Blüte standen, musste von Amtswegen in zweiwöchigen Abständen eine sogenannte Kartoffelkäfersuche stattfinden. Diese Aktion war von der polnischen Regierung angeordnet worden, da der dringende Verdacht bestand, dass die USA die Kartoffelacker der sozialistischen Staaten aus der Luft mit Kartoffelkäfern verseucht. Die Kartoffelkäfersuche wurde vom Bürgermeister gesteuert. Man traf sich in der Dorfmitte, der Bürgermeister hielt eine kurze Ansprache über Sinn und Zweck der Suche, teilte dann die Kartoffelkäfersucher in Gruppen auf und schickte sie in die Felder. Um zu überprüfen, ob auch sorgfältig gesucht wurde, klebte der Bürgermeister hier und da Papierkäfer auf die Kartoffelstaude. Nun gut, diesen Aktionen kam man gern nach, denn es war wie ein Ausflug ins Grüne mit jungen Leuten, ein paar Kinder waren auch dabei, was so manchen von unüberlegten Taten abhielt. Die Gruppen wurden so eingeteilt, dass Leute aus einer Wohnregion zusammen kamen, weil es eine zweistündige Mittagspause zu Hause gab. *Kulikowo* bestand zur Hälfte aus Abbauten. Am Nachmittag ging es dann weiter bis ca. vier Uhr. Aus gegebenem Anlass befand ich mich mit der Nachbarin des älteren Semesters und dem kleinen Schwager der Rivalin, der in einem Kinderheim untergebracht war und gerade Ferien bei seinem großen Bruder machte, in einer Gruppe. Wir drei machten uns auf den Weg in die Mittagspause. Das „späte Mädchen", sie war ca. acht Jahre älter als ich, kam auf die Idee, dass man sich noch ein Weilchen im Gras in die Sonne legen könnte, bevor man nach Hause ging. Also legte wir uns ins Gras, sie in der Mitte, ich neben ihr und der kleine Junge hinter ihr. Man sprach nicht darüber, was man sich wünschte, doch wussten wir beide es genau. Da war aber noch der Bub und der störte. Obwohl ich ihn nach Hause zu schicken bemüht war, machte der Kleine keine Anstalten und blieb hartnäckig da und blinzelte zu uns beiden herüber. Also beschränkte ich mich nur aufs sachte gezielte Berühren, mehr nicht. Das weibliche Wesen schien von meinen Zaghaftigkeitsversuchen die Nase voll zu haben und wachte schließlich auf, obwohl sie sich in Wirklichkeit nur schlafend stellte. Schließlich traten wir den restlichen Nachhauseweg an. Am Scheideweg, also wo sich unsere Wege teilten, erwartete uns meine Altersgenossin. Wie eine Furie stellte sich der Altjungfer in den Weg, Vorhaltungen machend. Sie hätte herumerzählt, dass sie mit mir ein Verhältnis haben solle. Ich suchte daraufhin das Weite, ich wollte mit dem „Weiberkram" nichts zu tun haben. Die alte Masche, immer wenn, es brenzlig wurde, machte ich mich aus dem Staub. Aber diesmal klappte es nicht. Als ich kaum zu Essen begonnen hatte, standen die zwei Furien vor mir in der Küche. Die Verheiratete forderte, dass ich zu den Vorwürfen Stellung beziehen sollte. Ich, dem dieses Gerücht vorher nicht zu Ohren gekommen war, errötete vor Scham, und es verschlug mir die Sprache. Erst nach einer kurzen Überlegungspause brach es aus mir heraus: *Ja, seid ihr denn von allen guten Geistern verlassen! Was wollt ihr von mir, macht dass ihr weiterkommt!* Schließlich entfernten sich die zwei keifend und ich, der ich noch vor einer Stunde fast im siebten Himmel war, kehrte auf den Teppich meines Ichs zurück. Hätte die ältere Jungfer dieses Gerücht ein halbes Jahr später in die Welt gesetzt, wäre wahrscheinlich meine Reaktion darauf eine andere gewesen, und ich wäre wohl ins Stottern geraten. Übrigens, diese zwei Damen sind seit fast einem halben Jahrhundert immer noch verfeindet.

Mit achtzehn Jahren wurde ich wehrerfasst und ein Jahr später gemustert. Das geschah in meiner Geburtsstadt *Mrągowo*. Man hatte mich zwar für wehrtauglich gemustert, aber aufgrund der Familienverhältnisse, des Alters und Gesundheitszustandes meiner Eltern und Großeltern und der Bewirtschaftung des Hofes wurde ich vom Wehrdienst zurückgestellt, und das jedes Jahr aufs Neue. Wenn es nach mir gegangen wäre, hätte es mich gefreut, Soldat zu werden, denn ich sah darin etwas Ehrenhaftes, vielleicht auch Abenteuerliches, etwas Neues zu erleben so wie andere, die dienen durften und darüber die tollsten Geschichten erzählten. In Wirklichkeit aber wurden sie geschunden und entwürdigt. So war der Wehrdienst generell in den sogenannten Warschauer-Pakt-Staaten. Die Wahrheit über den Wehrdienst in den oben genannten Staaten hatte ich erst Jahre später erfahren. So gesehen war es ein Segen für mich, in Polen nicht gedient haben zu müssen. Das ahnte allerdings bereits mein Großonkel Carl, der mir nach der ersten Musterung auf Masurisch zu der Rückstellung gratulierte: *Gut, dass du beim Polaken nicht dienen musst!* Diese seine Äußerung kam zum unpassenden Zeitpunkt und ausgerechnet in Masurisch. Im selben Augenblick trat unser polnische Nachbar Tadek zu uns heran. Eine peinliche Situation besonders für mich, da ich mit Tadek gut befreundet war. Das vorherige Gespräch zwischen Onkel Carl und mir verstummte natürlich. Ein Moment des Schweigens trat ein, ein anderes Thema sorgte für Entspannung. Onkel Carl war der Bruder meines Großvaters, der sich nach dessen Tode - er war im August 1918 in Frankreich gefallen - meiner Großmutter angenommen hatte, ohne Trauschein natürlich wegen der Krieger-Witwenrente. Für masurische Verhältnisse war Onkel Carl ein welterfahrener älterer Herr, der an zwei Weltkriegen teilgenommen hatte. Er hatte sich mehr als mein Vater um mich gekümmert und war quasi mein

129

Ziehvater. Mit achtzehn Jahren musste Carl 1914 in den Ersten Weltkrieg einrücken, er wurde berittener Melder im Frankreichfeldzug, entlassen wurde er als Unteroffizier und war anschließend arbeitslos. Dieser Umstand veranlasste ihn, ins Ruhrgebiet zu gehen, um in einer Kohlengrube Arbeit zu finden. Nach wenigen Jahren kehrte er nach Masuren zurück und lebte mit seiner Schwägerin, meiner Großmutter, bis zu ihrem Tode 1971. Im Polenfeldzug am 1. September 1939 war Onkel Carl wieder dabei. Diesmal als Feldwebel der Deutschen Wehrmacht und vorgeschobener Beobachter bei der Artillerie. In dieser Planstelle wurde er mit dem *Eisernen Kreuz in Silber* ausgezeichnet. Über seine Lebensabschnitte erzählte er oft an Winterabenden am warmen Ofen. Seine Erzählungen waren stets enthusiastisch, so berichtete er zum Beispiel, wie er die hinter ihm in Stellung gegangene Artillerie ins Ziel führen sollte. Dazu benötigte er nur drei Probeschüsse:

Der erste Granateneinschlag war zu kurz, der zweite zu weit, aber der dritte traf genau ins Ziel, und die Tornister der Polaken flogen nur so durch die Luft, so sinngemäß waren seine Worte.

Oder ein anderes Mal erzählte er, als die Artillerie Warschau beschossen hatte und eine Schnapsbrennerei getroffen wurde:

Sie brannte lichterloh in den verschiedensten Farben, so Onkel Carl. Bei diesen seinen Berichten war keinerlei Schuldgefühl vernehmbar. Aber so waren sie alle, der älteren Generation, sie waren eben Pflichtbewusst und der Obrigkeit treu ergeben, und wir Kinder hörten ihm beeindruckt, unbefangen und interessiert zu. Gegen Ende des Krieges kam Onkel Carl zur Küstenwache nach Hamburg und von dort in ein englisches Internierungslager in Schleswig-Holstein.

Mein Vater sprach anders über den Krieg, denn er war im Stalingradeinsatz, verbrachte anschließend vier Jahre in sowjetischer Kriegsgefangenschaft und kehrte als kranker Mann erst 1949 zur Familie zurück. Seine Erzählungen über die Kriegserlebnisse waren eher verhalten, dagegen beklagte er sich kaum über die Behandlung, welche er in sowjetischer Gefangenschaft über sich ergehen lassen musste.

Die Jahre gingen ins Land und ich war schon fast ein richtiger Bauer geworden. Mein Dasein bestand lediglich aus Arbeiten und Schlafen, für Freizeit war kaum Zeit, aber an Wochenenden, samstags und sonntags, da konnte ich jeweils für ein paar Stunden fort. Inzwischen waren alle meine deutschen Freunde entweder nach Deutschland ausgesiedelt oder in die Stadt fortgezogen. Also suchte ich die Freundschaft unter Polen, die ich alsbald im benachbarten staatlichen Agrarunternehmen *PGR* fand. Dort gab es einige junge Leute im passenden Alter. Wir gingen gemeinsam zum Tanz, machten am Sonntag Kurzausflüge, wie zum Beispiel eine Dampferfahrt nach Ruciane über den Nikolaiker- und Beldansee, durch die Schleuse in den Niedersee oder mit unseren Kleinkrafträdern nach *Święta Lipka*/Heilige Linde.

Manchmal gingen wir auch zum Angeln. Zwei meiner dortigen Freunde waren Traktoristen auf dem angrenzenden *PGR*, und wenn ein evangelischer Feiertag war, ging ich zu ihnen aufs Feld, wo sie den Acker bearbeiteten, um Traktor fahren zu können. Wenn Ende September Erntedankfest auf dem *PGR* gefeiert wurde, ein Fest mit reichlich Speis und Trank, dazu spielte eine Kapelle zum Tanz auf, war ich dabei. Auf diese Weise erweiterte sich mein Freundeskreis stetig. 1957 wurde in *Kulikowo* die Freiwillige Feuerwehr wiedergegründet, die seit 1945 nicht mehr existierte und ich trat ihr bei. Ich bekam den Posten des Kassierers, was mich mit Stolz erfüllte, denn ich war noch keine achtzehn, was ich natürlich wohlweislich verschwiegen hatte. Dieser Verein schweißte die Dorfjugend und junge Erwachsene zusammen. Es wurde ein Feuerwehrball veranstaltet, wobei die Feuerwehrmänner als Ordnungshüter fungieren sollten, auch ich. Da die *Kulikower* Feuerwehr gerade entstanden war und noch keine Uniformen besaß, wurden Overalls von der Freiwilligen Feuerwehr des Nachbardorfes *Olszyny* ausgeliehen, insbesondere Helme, damit die „Wichtigkeit" der Ordner ja auch für jeden sichtbar war. Das wiederum stachelte die Kameraden aus jenem Nachbardorf zum Angriff auf unsere Truppe an. Auf den Dörfern war es Usus, bei Festen Schlägereien anzuzetteln, um zu zeigen, wer hier der Stärkere war. Dazu bot gerade ich ein geeignetes Angriffsziel, ich war der Jüngste, schüchtern und leistete kaum Gegenwehr. Als ich draußen vor der

Eingangstür stolz „auf Wache" stand, kamen drei Kollegen aus *Olszyny* und forderten mich auf, ihnen meinen Helm auszuhändigen, doch ich wollte tapfer sein und weigerte mich. Nach einem kurzen Wortwechsel holte der Rädelsführer zum Schlag aus und traf mich mitten auf die Nase – ich war für den Rest des Abends außer Gefecht gesetzt.

***

Zum 1. Oktober sollte mein Bruder zum polnischen Militär eingezogen werden. Wie es Usus war, gab der Wehrdienstleistende vorher eine Abschiedsparty für die Dorfjugend. Es war ein verregneter Septembersonntag, und man traf sich mitten im Dorf bei einem jungen Ehepaar in der Wohnung. Obwohl am Sonntag die Geschäfte geschlossen waren, hatten die zuständigen Leute, die diese staatlichen Läden führten, ein „Erbarmen" mit den Durstigen und öffneten den Laden für kurze Zeit, damit diese ihren Bedarf an Spirituosen decken konnten. „Man half sich eben gegenseitig, wo man konnte". Nachdem Proviant angehäuft war, das waren in der Regel einige Flaschen Schnaps und Obstwein, der vom staatlichen Hersteller ohnehin mit Weingeist angereichert war, um auf 15 % Alkohol für den Verkauf zu kommen, ging man zum gemütlichen Teil über. Da es bereits kalt war, wurde zudem der Obstwein auf dem Herd heiß gemacht, gezuckert und wie Glühwein getrunken. Natürlich verfehlte ein solches Gebräu seine Wirkung nicht. Wenn alle „voll" waren, und das war bereits nach wenigen Stunden der

133

Fall, trennte man sich und ging nach Hause oder besser gesagt, was man als sein Zuhause gehalten hatte. Meistens landete man im Stall, Schuppen oder Gebüsch. Die kühlen Temperaturen sorgten dafür, dass der Benebelte rasch zu sich kam und schlotternd vor Kälte in sein richtiges Bett fand. Auf jeden Fall war der Nachhauseweg für mich an diesem Abend sehr, sehr weit, denn ich brauchte für ca. einen Kilometer etwa drei Stunden. Nachdem ich endlich zu Hause war, zog ich meinen durchnässten und mit Erdschlamm völlig verschmutzten Anzug bereits im Flur aus und vergrub ihn unter Lumpen im dort stehenden alten Kleiderschrank. Am nächsten Morgen weckte mich Großmutter mit lautem Geschrei und einer Schimpfkanonade, ich war erst sechzehn, den Anzug fand sie natürlich auch gleich.

Nach seinem zweijährigen Wehrdienst war mein Bruder noch einige Zeit daheim, bis er nach seiner Technischen-Zeichnerprüfung bei der Baudirektion *Olsztyn* eine Stelle fand. Diesen Job hatte er nicht lange, weil er ihm zu langweilig schien. Und da er beim Militär den für Berufskraftfahrer- Führerschein erworben hatte, heuerte er bei derselben Firma als persönlicher Fahrer eines der dortigen Direktoren an. Dieser Beruf machte ihm Spaß und füllte ihn aus. Das war seine Welt, da fühlte er sich wohl. Nach nicht allzu langer Zeit avancierte er zum Fahrer des Generaldirektors des Unternehmens und bekam für die damalige Zeit eine Luxus-Limousine der Marke

„Wolga", ein Spitzenprodukt der UdSSR, das bald zum „Sarg" für ihn werden sollte. Karl-Heinz liebte schnelles spritziges Fahren, was er auch mit Motorrädern veranstaltete, die er sich von mir oder anderen manchmal ausgeliehen hatte. Ich besaß inzwischen ein Leichtkraftrad von 150 cm³ und immer, wenn Karl-Heinz mit seinem Dienstfahrzeug nach Hause kam, nahm er mein Motorrad und machte damit Spritztouren, dass er damit gerast war, konnte man an den Kratzern und Abschürfungen der lackierten Teile leicht erkennen. Aber er war nun mal so und er war trotz all seiner Fehler bei Freund und Feind und insbesondere bei den Mädels beliebt - genau das Gegenteil von mir - ihm liefen sie nach, mir liefen sie davon. Machte ich Bekanntschaften mit Mädchen, war ich gehemmt und wirkte somit langweilig. Tipps, die ich von meinem älteren Bruder bekam, verstand ich nicht in die Tat umsetzen. Es brauchte immer viel Zeit, um von Frauen akzeptiert zu werden. Schließlich war ich eher ein sogenannter Frauenversteher, ein guter Zuhörer, wobei ich im Endeffekt nur als guter Freund fungierte, den man um Rat fragen, beziehungsweise über den Angebeteten ausfragen konnte. Hie und da gab es kleine Liebschaften, von denen ich nach kurzer Zeit Abstand nahm, weil ich eine andere „im Auge" hatte, die aber von mir nichts wissen wollte. Offensichtlich hatte in meinem Misserfolg auch der Alkohol eine negative Rolle gespielt. Ich trank gern einen, weil ich mich unter Alkoholeinwirkung mutig fühlte, was natürlich den Mädchen ganz und gar nicht zu gefallen schien.

Der Waffennarr

Mein Bruder Karl-Heinz war so ganz anders als ich. Er war intelligent, handwerklich geschickt, selbstsicher, extrovertiert und hatte kaum Skrupel. Schon als Schulbub interessierte er sich für Waffen und Munition, die gleich nach dem Zweiten Weltkrieg überall in unserer Gegend herumlagen. Daraus bastelte er allerlei Knallkörper, je lauter desto besser. Sein größter Schatz war damals eine Artilleriegranate, deren Zünder herausgeschraubt aber die Kartusche noch voll mit Dynamit gefüllt war. Daraus bröckelte er mit Hilfe eines Meißels so viel heraus, wie er für seine selbst gebastelten „Bomben" benötigte. Sein größter Sprenganschlag galt einer alten Weide, die vielleicht einen Neigungswinkel von ca. 60° zu unserem Teich hatte. Um die Sprengkraft zu maximieren, befestigte er auf einem Brettchen ein 20 mm Flugabwehrgeschoss, welches er mit Dynamit umhüllte. Nachdem diese Höllenkonstruktion unter dem Baum platziert war, mussten sich seine Beobachter in Sicherheit bringen, das waren Jorg und ich. Wie die Zündung vonstattengehen sollte, blieb sein Geheimnis, jedenfalls hatte sie stattgefunden. Eine mächtige Detonation mit ohrenbetäubendem Knall beendete das stille Warten hinter einem großen Stein. Wir sprangen sofort aus unserer Deckung, um nachzuschauen was geschehen war. Doch die Weide stand an ihrem Platz ohne auch nur einen Kratzer davongetragen zu haben. Allerdings war es zu spät, genauere Untersuchungen der in die Hose gegangenen Sprengung vorzunehmen, denn Großmutter war im Laufschritt an den Ort des „Anschlages" mit einem riesigen Ast in der Hand im Anmarsch. Selbstverständlich war ihr klar, wer der Übeltäter war, der auch sofort seine Prügel bezog. Mich ließ sie ungeschoren, zum einen war ich noch zu klein für derartige Strafen und zum anderen war ich vor Schreck weiß wie eine Wand, ungewiss nur war, ob der Knall oder das Omas Auftauchen der Grund meiner Gesichtsfarbveränderung war. Jorg ließ sie ungeschoren, denn er war ja nicht ihrer, und der Täter war ja auch schon identifiziert.

Nachdem die Waffenvorräte aufgebraucht waren, konzentrierte sich Karl-Heinz auf den Bau von Katapulten. Dafür waren passende Astgabeln und entsprechende Gummistrippen notwendig. An den Gabelenden wurde je eine Gummistrippe befestigt, die mit einem Lederstück, das einen Stein aufnehmen konnte, zusammengefügt wurde. Karl-Heinz war ein guter Schütze, er traf fast immer, auch Vögel, die dann tot vom Baum fielen. Für diese Taten, insofern seine Erziehungsberechtigten ihn erwischten, wurde er für ca. eine Stunde in den finsteren und kühlen Keller gesteckt, was ihm kaum etwas ausmachte, jedoch hatte man dabei nicht an mich gedacht, denn ich litt sehr darunter, dass mein geliebter Bruder eingesperrt war.

Als Karl-Heinz fünfzehn Jahre alt war, kam er in ein Eisenbahntechnikum mit Internat-Unterbringung nach *Olsztyn*/Allenstein, das ca. 100

138

km vom *Kulikowo* entfernt war. Unter einem Technikum ist eine Berufsausbildung mit Hochschulreife zu verstehen, was in Deutschland unbekannt ist. Unter der Trennung litt ich besonders, aber an Wochenenden, das war damals die Zeit von Samstagnachmittag bis Sonntagabend, war Karl-Heinz fast immer zu Hause. Sobald er zu Hause eintraf, beschäftigte er sich meistens mit dem Waffenbau. Jetzt baute er Kleinkaliberpistolen, die richtig scharf schossen. Im Alter von ca. siebzehn Jahren baute er ein Jagdgewehr, als Muster diente ihm die Zwillingsjagdbüchse, welche Vater einmal aus dem Frankreich-Feldzug mitbrachte. Dieses Jagdgewehr hatte Vater eingeölt, in ein Tuch eingeschlagen und unter einem Balken im Kuhstall versteckt. Dort hatte es die Russenzeit überdauert, wäre es entdeckt worden, so wären wohl alle Bewohner unsere Hausgemeinschaft erschossen worden. Nach seinem Wehrdienst bei der polnischen Armee hatte Karl-Heinz mit diesem Jagdgewehr Wildenten geschossen, was reine Wilddieberei war, denn er besaß weder einen Waffen- noch einen Jagdschein. Inzwischen machte Karl-Heinz nicht nur Jagd auf Wild, sondern auch auf Mädchen, natürlich ohne Feuerwaffen. Er hatte offensichtlich eine unwahrscheinliche Anziehungskraft auf das weibliche Geschlecht, denn jene flogen auf ihn und gaben sich ihm auch meistens hin. Jedes Mal, wenn er am Wochenende zu Hause war, ging er am Abend aus und kam erst spät in der Nacht zurück. An einem Samstagabend kam es zum Eklat. Sein

Nachhausekommen von der Bahn war längst überfällig, denn es waren nur 20 Minuten Fußweg vom Bahnhof. Man wartete auf Karl-Heinz, aber es kam nur die *Manka* des Nachbarn Kontrabas vom letzten Zug, und als sie Großmutter am Zaun warten sah, sagte sie nur: *Euer Heinz liegt da am Wegesrand mit der Leoni.* Sie war wohl beleidigt, weil er es nicht mit ihr trieb. Großmutter eilte dann wie eine Furie zum Tatort und musste die beiden wohl in flagranti erwischt haben. Jedenfalls kam es zu einem Riesenauflauf am späten Abend, so dass sich Karl-Heinz in seiner Ehre gekränkt, mit der Flinte erschießen wollte, ob er das ernst gemeint hatte, weiß man nicht. Mit zunehmendem Alter, so um die Achtzehn, schwänzte er seine Ausbildung und ging schließlich ohne Abschlussprüfung vom Eisenbahnertechnikum ab. Dann kam der Wehrdienst bei der Luftwaffe, zwei Jahre in Südost-Polen und zum Ende seiner Dienstzeit in der Festung Modlin bei Warschau. Nach seinem Militärdienst machte er dann schließlich eine Ausbildung zum technischen Zeichner im Fernstudium. Im Anschluss daran arbeitete er zunächst als technischer Zeichner, und weil dieser Job ihn langweilte, wurde er Chauffeur des Direktors dieses großen staatlichen Bauunternehmens. An Wochenenden - wie immer - war er bei uns in *Kulikowo* und ging seiner Leidenschaft nach, abends zum Tanz, um nach Möglichkeit Mädchen „abzuschleppen", bis er dann schließlich in festen Händen war, aber nur scheinbar.

Mittlerweile hatte sich unsere nähere Nachbarschaft verändert. Opa Jan war inzwischen mit seiner Familie in die Bundesrepublik Deutschland ausgewandert. Seinen Hof hatte er einem jungen polnischen Ehepaar übertragen, das bereits einige Wochen vor Opa Jans Abreise nach Deutschland auf dessen Hof einzog war. Die jungen Leute waren aufgeschlossen, und es entwickelte sich bald ein gutnachbarliches Verhältnis zwischen unseren Familien. Der neue Nachbar mit dem Vornamen Tadek war erst Anfang zwanzig, Vollwaise und hatte noch sechs jüngere Geschwister, die zum Teil im Waisenhaus oder Internat lebten. Als seine viertjüngste Schwester, mit der ich noch vor Kurzem etwas herumpoussiert hatte, heiratete, waren mein Bruder und ich selbstverständlich zur Hochzeit eingeladen. Daraus ist mir eine für mich peinliche Episode noch gut in Erinnerung. Es war tiefer Winter und die Pferdeschlitten hatten Hochsaison. Nun, auf dem Lande es ist üblich, dass das Vieh für die Nacht versorgt und die Kühe noch gemolken werden mussten. Ein Teil der Hochzeitsgäste unterbrach das Feiern und machte sich auf Weg, um ihr Vieh zu versorgen. Tadek spannte also sein Pferd vor den Schlitten und los ging es. Mit auf dem Schlitten saßen seine Frau, die jüngste Schwester von Tadek, mein Bruder und ich. Eine Wegstrecke von ca. einer halben Stunde Schlittenfahrt war zu bewältigen. Der Pferdeschlitten war nicht allzu groß, so dass wir eng zusammenrücken mussten. Ich war damals in Tadeks jüngste Schwester verliebt und nutzte die Gunst der

Stunde. Während der Fahrt ergriff ich ihre Hand, „sie hielt still", ich streichelte und liebkoste diese Hand eine ganze Weile lang. Ich fühlte mich glücklich und wünschte, diese Fahrt möge nie enden. Ja, bis ich jäh von meinem Traum herausgerissen wurde. Nach einer ganzen Weile der Fahrt sagte Karl-Heinz ganz trocken: *Nun gib mal endlich meine Hand frei, das tut ja schon weh!* Und das sagte er in Polnisch und ganz laut, damit es ja auch alle mitbekamen. Ich schämte mich, war bestimmt puterrot angelaufen und war heilfroh, dass es inzwischen dunkel war. Meine Auserwählte musste nach wenigen Tagen abreisen, da sie zu ihrer Ausbildungsstelle im weit entfernten *Braniewo*/Braunsberg zurück musste. Lediglich an manchen Samstagabenden besuchte sie ihren Bruder Tadek. Auch mein Bruder kam nur dann und wann an Wochenenden nach Hause. So kam es wie es kommen musste, die beiden hatten teilweise denselben Reiseweg mit der Bahn. Bereits im Sommer desselben Jahres war dieses Mädchen meinem Bruder zum „Opfer gefallen", auf freiwilliger Basis, versteht sich. Ein wahres Beispiel, wie Völker verschiedener Abstammung friedlich nebeneinander lebten.

Karl-Heinz war der Erstgeborene und der ganze Stolz unser Großmutter. Trotz all seiner Eskapaden und Fehltritte war meine Oma von ihm beseelt. Sie bezahlte heimlich all seine Schulden, die er sich so geleistet hatte. Das waren Reparaturkosten für verschuldete Unfälle und andere Dinge. Nachdem Karl-Heinz als Chauffeur tätig geworden war, kam er zum Wochenende mit dem Auto nach Hause. Einmal durfte ich morgens seinen Jeep in den Hof einfahren, während er selbst noch im Bett lag. Ich war damals noch keine achtzehn und besaß keinen Führerschein. Freudestrahlend setzte ich mich hinters Steuerrad, ließ den Motor an, trat die Kupplung, legte den Gang ein, ließ die Kupplung kommen, gab Gas, und der Jeep machte einen Satz nach vorne. Jetzt galt es, Fassung zu bewahren und zu lenken, damit der Karren nicht mit dem rechten Vorderrad in die tiefe Kartoffelmiete absackte. Ich erkannte die Gefahr sofort und riss das Lenkrad scharf nach links, so dass sich unser Staketenzaun in einer Länge von ca. fünfzehn Metern nach links auf den Boden legte. Vor Schreck ging ich vom Gaspedal und der Motor würgte ab - Gefahr gebannt! Alsbald kam Großmutter aus dem Haus gelaufen und rief mir zu:

„*Wej zarcie, wej pschiorunie, teraz mas!*"

Das heißt zu Deutsch: Siehst du Satan, siehst du Teufelsblitz, jetzt hast du's!

Meine kleine Schwester in aller Herrgottsfrühe am Sonntagmorgen und im Glauben, die Welt ginge unter, stand zitternd im kurzen Nachthemdchen vor dem Unglücksfahrer. Eine Woche später stand der Zaun fester da als je zuvor.

***

Allmählich zogen dunkle Wolken auf. Als ich an einem Sonntagabend mit meinem Motorrad und einem Freund auf dem Sozius von einem Ausflug aus einer Kleinstadt auf dem Nachhauseweg war, stoppte uns die Verkehrspolizei und nahm einen Alkoholtest vor. Der Test zeigte einen positiven Wert, was eine ärztliche Untersuchung sowie Blutabnahme nach sich zog, und mir daraufhin der Führerschein eingezogen wurde. In einem Gerichtsverfahren wurde mir nebst einer Geldstrafe auch die Fahrerlaubnis für ein Jahr entzogen. Während der führerscheinlosen Zeit hatte unsere Familie ein schweres Schicksal getroffen. Meine Schwester erlitt einen schrecklichen Unfall, einen Arbeitsunfall beim Dreschen. Sie war mit dem rechten Bein in die offengelegte Trommel getreten, wobei ihr das Bein bis fast zum Knie zerschmettert wurde und unwiderruflich verloren war. Die Bedingungen für eine umgehende medizinische Versorgung waren ungenügend. Das nächstgelegene Telefon war fünf km entfernt. Deshalb schwang ich mich, trotz des Fahrverbots auf mein Motorrad, um einen Krankenwagen zu ordern, der wegen relativ weiter Entfernung von gut 30 km zwischen Kreiskrankenhaus und Unfallort ca. 40 Minuten benötigt hatte. Im Krankenhaus hatte Heidi liebevolle medizinische Versorgung erfahren. Den polnischen Ärzten war es zu verdanken, dass das Knie mit Mühe und Not, was den Heilungsprozess natürlich verzögerte, erhalten werden konnte. Heidi war zu diesem Zeitpunkt gerade sechzehn Jahre alt geworden und hatte nun eine sehr schwierige Zeit vor sich. Mich, den sensiblen Menschen, quälte dieser Gedanke und machte mich trübselig.

Der schwärzeste Tag

An einem Pfingstmontagvormittag stand auf der Tenne unserer Scheune der *Wolga*. Karl-Heinz und ich wienerten und putzten den Wagen. Aus dem Autoradio klang der englische Schlager *forty nine forty nine...*, der mir zeitlebens als Ohrwurm in Erinnerung bleiben wird. Wir freuten uns auf den Nachmittag, denn es stand ein Besuch bei der Schwester von Karl-Heinz Freundin, mit der er fast verlobt war, an. Die Freundin von Karl-Heinz war zwischenzeitlich nach Deutschland ausgewandert. Auch ich freute mich auf diese Abwechslung, obwohl ich ein etwas schlechtes Gewissen hatte, denn am Nachmittag war eigentlich Gottesdienst in der evangelischen Kapelle in *Olszyny* anberaumt, und es war doch ein wichtiger Feiertag. Karl-Heinz ließ das kalt, er hatte mit dem lieben Gott nicht so viel am Hut. Also machte man sich am Nachmittag mit dem geputzten Auto auf den Weg. Wir wurden herzlich empfangen und es wurde ein netter Nachmittag. Gegen Abend machten wir uns auf den Nachhauseweg, machten jedoch noch unterwegs einen Abstecher bei anderen Bekannten im selben Dorf. Dort waren bereits einige junge Männer zusammengekommen, die wie üblich einen Umtrunk veranstalteten. Karl-Heinz hielt sich mit dem Trinken zurück, allerdings nicht ganz. Mittlerweile reifte in der Runde der Gedanke, auf die *Zabawa* (was auf Deutsch Tanzveranstaltung heißt) ins fünf Kilometer entfernte Nachbardorf zu fahren. Ein Auto stand ja vor der Tür. Zu dritt wurde die Fahrt angetreten und es lief alles glatt. Man sah sich dort um, der Ausschank war ziemlich teuer, und so wurde beschlossen, noch einmal zum Ausgangspunkt zurückzukehren und "nachzutanken", um dann wieder zur Tanzveranstaltung zurückzukehren. Mittlerweile war es bereits nach Mitternacht, und die Zeit drängte, noch vor Veranstaltungsschluss dort anzukommen. Jetzt waren wir vier Personen im PKW. Karl-Heinz drückte wie immer aufs Gaspedal und im Nu waren 100 km/h und die erste Kurve erreicht. Es war eine Linkskurve, die äußeren Räder rasierten den grünen Straßenrand, die Reifen quietschten. Eine Stimme flüsterte mir zu, ich saß auf dem Rücksitz hinter meinem Bruder: *„Krall dich an die Rückenlehne des Fahrersitzes, gleich fahren wir gegen den Baum!"* In Bruchteilen von Sekunden war es dann auch geschehen. Ein dumpfer lauter Knall erfüllte das Morgengrauen, dann wurde es ganz still, wie lange diese geisterhafte Stille anhielt, konnte ich nicht abschätzen. Als ich zu mir kam, quälte mich ein starker Schmerz in meinem rechten Knie, und als ich in die Runde schaute, war zunächst niemand im Auto zu sehen. Schnell bemühte ich mich, aus dem Auto auszusteigen, und erst jetzt sah ich, dass sich beide rechten Türen, des leicht nach rechts zum Chausseegraben geneigten Autos geöffnet hatten. Nachdem es mir klargeworden war, was geschehen war und ich nochmals genauer hinsah, bot sich mir ein Bild des Grauens. Die anderen Insassen lagen mit dem Oberkörper außerhalb des Wagens, mit dem Kopf die Böschung abwärts, wobei mein Bruder auf

146

dem Beifahrer lag. Ich musste erst überlegen, was zu tun war, einen Erstehilfekurs hatte ich bis dahin nicht absolviert, es war zur damaligen Zeit für die Erlangung der Fahrerlaubnis auch nicht obligatorisch. Zum ersten Mal kam ich mir so richtig hilf- und machtlos vor. Hier ging es nicht um zerschlagene Eier oder um verschüttete Milch, ich musste Leben retten. Schließlich entschloss ich mich, die Verletzten zu bergen. Ich zog sie aus dem Autowrack und legte sie mit den Kopf nach oben auf die Böschung und wartete einfach ab. Niemand in der Nähe, den man hätte um Hilfe bitten können. Endloses Warten, und erst jetzt begriff ich wirklich, was da geschehen war. Plötzlich bewegte sich mein Bruder, stand auf, schaute auf seinen Wagen, fasste sich mit beiden Händen an den Kopf und ging einige Schritte ins Feld. Ich schaute ihm nach und dachte, er wollte sich womöglich aus dem Staub machen. Nach wenigen Schritten legte er sich auf den Boden, und ich trat zu ihm. Seine Stimme war leise, heiser und er hatte Mühe zu sprechen. Seine wenigen Worte waren: *„Geh und rette die anderen, sie haben Frauen und Kinder, ich werde ohnehin nicht mehr leben. Schreib bitte der Marlies, dass ich nur sie geliebt habe."* Ich versuchte meinen Bruder zu beruhigen und teilte ihm mit, dass ich die anderen bereits versorgt hätte und dass sie am Leben wären. In Wirklichkeit aber lagen sie immer noch regungslos auf der Böschung. In meiner Not erinnerte ich mich, dass ich meinem Herrgott nicht treu geblieben war. Statt am Pfingstmontag in die Kirche zu gehen, hatte ich mich Vergnügungen hingegeben und nun hatte

147

mich dafür jetzt der Zorn Gottes getroffen. Vor dem gedanklichen Hintergrund, sich versündigt zu haben, erinnerte ich auch meinen Bruder daran, dass auch er seinen Glauben sträflich vernachlässigt hätte, ja vom Glauben abgefallen wäre. Und, oh Wunder, Karl-Heinz gab mir sogar Recht und bereute. Und beide beteten wir das Vaterunser, ich laut und Karl-Heinz so, wie es ihm möglich war. Währenddessen brachte ein Motorradfahrer die Gemeindeschwester, die offensichtlich auch den Krankenwagen verständigt hatte, der bald darauf eintraf und die Verletzten ins Krankenhaus nach *Pisz* Johannisburg brachte. Es war inzwischen der Morgen angebrochen, und mir rückte erst jetzt diese Katastrophe so richtig ins Bewusstsein. Angst und Furcht überkamen mich. Wie sollte ich jetzt vor meine Mutter treten und ihr mitteilen, dass Karl-Heinz sehr schwer verletzt sei und möglicherweise nicht überleben werde. Ein Bekannter brachte mich mit dem Motorrad nach Hause. Meine Mutter war gerade im Stall beim Kühemelken als ich ihr diese traurige Nachricht überbrachte. Jedoch brach sie nicht in Tränen aus, wie ich es befürchtete; sie sagte nur knapp: *Ich habe es gewusst.* Noch am selben Morgen machte sich unser Vater auf den Weg ins besagte Krankenhaus. Nachdem er dort angekommen war, konnte man ihm lediglich die traurige Nachricht vom Tode seines Sohnes mitteilen. Beim Aufprall war er mit dem Hals auf die Lenksäule geschlagen und hatte sich dabei einen Luftröhrenriss zugezogen und war innerlich verblutet. Die Zeit zwischen Unfall und ärztlicher

148

Versorgung war zu lang. Während der Stunde des Unglücks wachte Großmutter auf, weil sie ihren Enkel Karl-Heinz weinen hörte. Sie wusste, dass er nicht mehr nach Hause käme.

In den kommenden Tagen lebte ich im Zustand des Nichtdaseins. Verloren wie ein Schaf in der Wüste suchte ich nach meinem Bruder, obwohl ich wusste, dass er nie mehr wiederkommen würde. Der Gedanke, dass es nur ein böser Traum war, ging mir nicht aus dem Sinn. Eine tiefe Wunde in meinem Herzen tat sich auf, die lange nicht zu heilen schien, ein Schmerz, den man mit Worten nicht beschreiben kann und der nie ganz verheilen wird. Ein Seelenschmerz tut richtig weh.

Es war Mitte Juni, der Sarg mit der Leiche war im kleinen Zimmer aufgebahrt. Es gab ja in der nächsten Umgebung keine Leichenhalle, und die hätte auch nichts gebracht, weil kein Strom vorhanden war. Also wurde das Zimmer abgedunkelt, um wenigstens die Wärme von draußen fernzuhalten. Gesicht und Hände wurden mit Brennspiritus getränkten Tüchern abgedeckt. Ich kümmerte mich darum mit Leidenschaft, um wenigstens für Augenblicke bei meinem geliebten Bruder zu verweilen. Nachdem sein ehemaliger Direktor vom Tod seines Chauffeurs erfahren hatte, kam er persönlich, um zu kondolieren. Als vier Tage später die Beerdigung stattfinden sollte, stand plötzlich ein schwerer LKW vor dem Trauerhaus, um den Sarg zum etwa 2 km entfernten Friedhof zur Beisetzung zu fahren. Eine noble Geste der Verbundenheit trotz der widrigen Umstände des Verkehrsunfalls. Meine Eltern waren zuvor nie in Kontakt mit dem Vorgesetzten meines Bruders gekommen. Auf diese Weise hat diese traurige Angelegenheit einen würdigen Rahmen bekommen, unzählige Menschen aus dem Ort und der Umgebung, ob Pole oder Deutscher begleiteten den Trauerzug.

Auf einem verlassenen Friedhof in der Johannisburger Heide ruhen seine sterblichen Überreste.

Eine scheinbar unüberwindbare Trauer begleitete mein Dasein, aber auch die anderen Familienmitglieder. Stille hatte Einzug gehalten, die sich mit dem vorigen Leid paarte, um die Welt in noch düsteren Bildern zu malen. Vor diesem Hintergrund beschloss die Familie, in die Bundesrepublik Deutschland auszureisen. Vielleicht ein Akt der Verzweiflung oder um aus der Trance zu erwachen, niemand vermochte das genau zu beurteilen. Es wurde ein Ausreiseantrag auf der Basis der Familienzusammenführung an die Bezirksverwaltung *Olsztyn* eingereicht, dem ein halbes Jahr später stattgegeben wurde. Dadurch kam wieder Bewegung in die Familie, man hatte eine Aufgabe und wurde ein wenig vom Geschehenen abgelenkt. Auch ich horchte auf, ich, der eigentlich immer auf der Suche nach sich selbst war, musste mich nun mit meiner Zukunft gedanklich befassen. Was sollte wohl aus mir in einem mir fremden Land werden? Die Neugier auf etwas Neues, Unbekanntes beflügelte mich allerdings. Auf der anderen Seite bedeutete das auch Abschied nehmen vom Vertrauten, von Freunden. Nun, die Ausreiseformalitäten nahmen ihren Lauf, es gab noch eine Menge zu erledigen: Einkäufe, Abmeldung aus der Wehrüberwachung, Reisepässe. All das war mit Lauferei verbunden, die immer einen ganzen Tag in Anspruch nahmen, weil andere Städte aufgesucht werden mussten. Als letztes musste ich mit meinem Vater in der Passbehörde erscheinen, wo ein Sicherheitsbeamter des polnischen Sicherheitsdienstes SB mit uns ein

Belehrungsgespräch führte. Wir beide wurden höflich gebeten, nichts Negatives über Polen in der Bundesrepublik Deutschland zu erzählen. Etwas anderes hätte der Beamte auch gar nicht verlangen können, da die zu Belehrenden, nämlich wir, keinerlei Kenntnisse über etwaige Staatsgeheimnisse hatten.

Nachwort

Ironie der Geschichte: Die Polen hatten nach dem Zweiten Weltkrieg wieder einen Staat und auch neues Land hinzubekommen, nämlich den südlichen Teil Ostpreußens, Westpreußen, Pommern und Schlesien. Mit der dort nach dem Krieg verbliebenen angestammten deutschen Bevölkerung hatten sie sich im Laufe der Jahre derart assimiliert, dass einige davon, auch wie die Masuren, nach Deutschland auswanderten. Einige Gründe dafür waren, dass es in Polen wirtschaftlich statt aufwärts, stetig abwärts ging. Zuerst wanderten jene Polen aus, die mit einem deutschen Partner verheiratet waren oder erst in zweiter Generation eine solche Mischehe vollzogen hatten und ihre Eltern im Rahmen der Familienzusammenführung nach Deutschland lotsten. In diesem Zusammenhang kam es nicht selten vor, dass Urkunden gefälscht worden waren, um eine Deutschstämmigkeit vorzutäuschen, die dann auch noch glatt durchgegangen war. Auf diese Weise entstanden Witze und Anekdoten, wie zum Beispiel: Man wird als Deutscher anerkannt, wenn man einen Bismarckhering gegessen oder einen deutschen Schäferhund besäßen habe. Wer sich dergleichen nicht zu bedienen vermochte, erinnerte sich an seine ehemaligen masurischen Freunde, Bekannte oder besorgte sich über Dritte Adressen und Empfehlungen und reiste einfach zu Besuch in die Bundesrepublik Deutschland. Hier stellte man einen Asylantrag, dem unter Umständen je nach

153

Spitzfindigkeit der vorgebrachten Gründe wegen angeblicher Verfolgung stattgegeben wurde. Jedenfalls durften nicht wenige in der Bundesrepublik bleiben, zumindest für die erste Zeit. Mit der Aufnahme Polens in die Europäische Union sind diese Umstände aus der Welt geschafft worden, eine „große Familie" ist entstanden.

Ganz anders sieht es heute in meiner alten Heimat aus. Polen ist ein moderner europäischer Staat geworden, worüber ich mich bei meinen letzten Reisen überzeugen konnte. Wäre es damals so gewesen, hätte meine Familie niemals die Heimat verlassen. Viele Polen, die seiner Zeit ihre Heimat verlassen hatten, sind mittlerweile nach Ostpreußen zurückgekehrt und haben sich selbstständig gemacht. Bei meinem letzten Heimatbesuch traf ich auf eine solche Familie, die in Krutinen/*Krutynń* das Hotel *Kompleks Wypoczynkowo-Konfewrencyjny Mazur Syrenka* führen. Eine Herrliche Ferienanlage am Flüsschen Krutynia mitten in der Johannesburger Heide.

Anhang

Die masurische Sprache

Masurisch *masurska Gadka* gilt allgemein als eine polnische Mundart, die in der südpreußischen Landschaft Masuren verbreitet war. Zur Herkunft der Masowier wurden teilweise kühne Theorien aufgestellt. Doch die Ursprache der Masowier dürfte ein protopolnischer Dialekt gewesen sein. Der masurische Dialekt im südlichen Teil Ostpreußens ging auf polnische Wurzeln zurück und war je nach Region stark mit anderen Sprachen vermengt: Im nordöstlichen Teil gab es ein Gemisch aus Litauisch und Polnisch, im westlichen Teil dagegen eine starke Vermischung mit Deutsch. Im Inneren Masurens kamen sehr unterschiedliche Mundarten vor. Relativ schwer verständlich waren für die übrigen Ostpreußen die Mundarten der Gegenden um Angerburg und Lötzen. Das reinste Polnisch traf man in der Gegend um Soltau an. Zwischen der gewöhnlichen Umgangssprache und dem kirchlichen Polnisch gab es erhebliche Unterschiede.

Der Masurische Dialekt entwickelte sich bereits zu Ordenszeiten: Weder die slawischen Masowier *Masuren* noch die dem baltischen Sprachstamm angehörigen Litauer haben vor

Auftreten des Deutschen Ritterordens in Ostpreußen gesiedelt. Erst letzterer, und zwar verhältnismäßig spät, hat Angehörige dieser Völker hauptsächlich zur Besiedelung der Wildnis ins Land hineingezogen. Außer dieser Ansiedler gab es noch leibeigene polnische Flüchtlinge, die vor der Willkür ihrer Gutsherren in das mildere Recht des Ritterordens und später Preußens geflohen waren. Der Zustrom verstärkte sich während der Zeit der polnisch-litauischen Personalunion. Zusätzlich wurden polnische Siedler seit dem 15. Jahrhundert aus Masowien in die durch Kriegsereignisse entvölkerte Region angeworben. Nach 1525 flüchteten reformierte Polen in das bereits säkularisierte Ostpreußen. Die lutherische Reformation des Ordens trug zu einer weiteren Abkopplung von der sprachlichen Entwicklung im katholischen Polen bei. Doch blieb Masurisch eine *Dorfsprache*, da die Amts- und Schriftsprache stets Deutsch war.

Anm.: *Auszug aus Wikipedia zur Geschichte der masurischen Sprache*